광고언어의 이해

정문용 지음

신아사

머리말

이 책의 목적은 대학교 교양과정의 학생들에게 우리가 일상적으로 사용하는 언어에 대한 관심을 높이기 위하여 언어학 이론을 간단하게 설명하고 이 이론들이 광고언어 표현에 어떻게 나타나는지를 살필 수 있는 능력을 갖게 하는 데 있다. 말과 글은 인간 생활에 있어 공기나 물과 같이 항상 함께 있지만 사용할 때 큰 주의를 기울이지 않는다. 인간이 갖고 태어나는 언어능력이 자연스럽게 모국어를 사용할 수 있게 해주었고 글을 배우면서 수많은 책들을 읽고 살아왔기 때문이다. 누구라도 언어 때문에 일상생활에서 큰 어려움을 겪지는 않는다. 그러나 자기소개서나 손편지를 쓰려고 하거나 토론에서 자기 주장을 정확하게 표현하고 설득하는 일은 그렇게 쉽지 않고 매우 어렵게 느껴진다. 말 한마디에 천냥 빚을 갚는다는 우리 속담도 있지만 말 한마디 잘못하여 서로 감정을 상하고 크게 다투기도 한다. 심지어는 선거에서는 막말 파문을 통하여 당락이 결정되는 계기가 되기도 한다. 우리가 평소에 사용하는 우리말 어휘나 문장 속에 숨어 있는 의미와 규칙들을 이해한다면 좀 더 정확한 말과 글을 구사할 수 있게 될 것이다. 그리고 이러한 지식의 토대 위에서 광고 문안에 나타나는 여러 언어 요소들을 객관적으로 정확하게 분석하여 이해할 수 있다면 광고주들의 일방적인 구애에 넘어가지 않고 합리적이고 똑똑한 소비자가 될 수 있을 것이다.

이 책에서는 언어와 광고라는 두 기둥을 세워놓고 그 사이에 존재할 수 있는 많은 이야기들을 엮어 보려고 한다. 우리 인간이 받아들이는 대부분의 외적 정보 중에서 사고와 직접적으로 연결되는 많은 정보는 문자와 말을 통한다. 몸짓, 손짓을 비롯한 여러 의사소통 수단들 중에서 가장 대표적인 언어를 통하여 우리는 매우 수준 높은 지적 탐구를 할 수 있다. 1-3강에서는 언어가 갖는 기능과 특성을 먼저 살펴본다. 커뮤니케이션의 도구로서 언어가 갖는 효용성과 한계를 동시에 살펴보고, 언어를 학문적으로 분석하는 언어학의 제반 연구영역을 살펴본다. 그리고 한국어와 한글의 특성을 알아보고 현재 언어생활의 모습을 언급함으로써 일상어의 새로운 형태인 광고언어를 분석할 수 있는 토대를 마련한다. 4강에서는 광고가 무엇인지 살펴보고 광고에 나타나는 광고문안, 즉 광고카피들이 소비자의 관심을 끌기 위하여 어떠한 변용을 하는지 살펴본다. 5강은 지금까지 이루어진 광고언어에 대한 학문적 성과들을 개략적으로 살펴보면서 연구의 폭과 깊이를 알아본다. 6강에서 10강까지는 언어학의 이론과 광고언어 현상을 각각 개별적으로 분석하고자 한다. 광고 표현 속에는 소비자의 관심을 끄는 언어기능이 복합적으로 숨어 있지만 가장 두드러진 특징을 지닌 요소와 연구 분야를 임의로 나누었다. 11-15강에서는 광고언어가 우리의 일상생활이나 다른 분야에 어떤 영향을 끼치는지 살펴보았다. 11강에서는 패러디 광고를 먼저 언급하였다. 패러디는 이미 널리 알려진 것을 모방한 것이기에 광고언어의 재생산 측면에서 언급하였다. 그리고 청소년에 대한 광고언어의 영향, 국어교수법, 외국어 교육 등에 어떻게 활용 가능한지를 언급하였다. 12강에서는 공익광고를 통한 사회 문제 해결 노력을 살펴보고 광고제에 대하여 간단한 소개를 하였다. 13강에서는 문자언어의 예술적 변용인 타이포그래피를 다루었다. 문자의 디자인이 달라짐에 따라서 감각적 수용에 큰 차이를 가져오기 때문에 광고언어에서도 이에 관한 연구가 지속적으로 이루어진다. 14강에서는 외국 광고에 나타나는 언어적 특징을 소개하고 광고 몇 편을 단편적으로 소개하였다. 15강에서는 광고의 미래를 소비자 참여, 새로운 정보통신 기술의 활용 중심으로 언급하였다.

자본주의 시장 경제 질서를 지니고 있는 대량소비사회에서 광고는 앞으로도 우리 생활에 훨씬 더 많은 영향을 줄 것이다. 학생들이 광고의 수신자로서 광고의 표현기술을 인식하고 광고를 좀 더 객관적으로 바라볼 수 있는 안목을 갖게 된다면, 소비자의 구매 욕구를 마음대로 조정하려는 광고주의 의도로부터 자신을 보호할 수 있는 조그만 방호복을 차려입게 될 것이다. 또한 산업현장에서 일하게 될 학생들은 광고를 생산해야 할 송신자의 입장에서 소비자들의 소비성향과 소비행태를 관찰하여 이를 광고에 반영하게 할 기본 지식을 갖게 될 것이다.

이 교재는 강의를 위한 기초자료로 생각하고 쓰인 것으로 너무 어려운 내용을 피하려고 이론적 설명은 가능한 한 줄이려고 노력하였다. 언어학과 관련된 수많은 교재들을 스스로 도서관에서 찾아보기도 하고 광고학 분야의 전문서들도 찾아보기 바란다. 한 분야에 출판된 책들의 서명만이라도 한 번 훑어보면 그 분야에 대한 연구의 폭과 깊이를 느낄 수 있게 된다. 학교 도서관의 학술데이터베이스 검색자료와 인터넷과 스마트폰을 활용하여 얻을 수 있는 학습 자료들도 많이 활용하기를 권한다. 이 책에서도 가끔 길잡이 역할을 할 수 있는 인터넷 사이트를 제시하였다.

많은 학생들의 요구인 쉽고 재미있는 강의를 위해서, 그리고 학생 스스로 질문하고 스스로 답하면서 생각을 하게 하고 삶의 지혜를 만들어갈 수 있게 질문과 과제를 많이 제시하였다. 이런 질문은 정답이 있을 수도 있고 해답이 여럿일 수도 있다. 일단 한 번 생각해 보고 관련서적에서 가능한 답을 구해보기 바란다. 그리고 각 강의 마지막에는 관련된 전문서적 몇 권 혹은 관련 논문 몇 편을 제시하였다. 관심 가는 부분들을 골라서 내용을 파악하면 앞으로의 심화 학습에 도움이 될 것이며 더 깊은 연구를 위한 디딤돌이 될 것이다. 책의 부피를 고려하여 도표나 광고사진 등은 넣지 아니 하였다. 필요한 자료들은 블로그를 통하여 학생들과 공유할 생각이다. 이 작은 책을 준비하면서 접하게 된 많은 분들의 학술 성과물들을 보면서 그분들의 학문적 노고에 대하여 저절로 고개를 숙이며 감사의 인사를 전한다. 또한 위키피디아를 비롯한 인터넷 상의 수많은 지식과 정보를 통하여 이제는 누구나가 정보의 생산자와 소비자가 됨으로써 지식의 공유 세상이 자연스럽게 펼쳐짐을 느낄 수 있다. 수많은 정보와 지식들이 우리 곁에 차곡차곡 쌓여가고 있음을 절감하면서 동시에 우리 사회의 언어 사용은 왜 이렇게 뒤죽박죽 혼란스러운지 걱정하게 된다. 오늘부터라도 다시 언어 사용에 대한 경각심을 갖고 지금 한창 말을 배우는 예쁜 손주들에게 먼저 고운 말을 하겠다는 다짐을 한다. 아 다르고 어 다르니까.

목차

1강 언어와 커뮤니케이션 ······ 9
2강 언어학의 연구 분야 ······ 27
3강 현대 언어생활의 특성 ······ 47
4강 광고와 광고언어 ······ 63
5강 광고언어 연구 역사 ······ 79
6강 음성학과 광고언어 ······ 87
7강 형태론, 조어론과 광고언어 ······ 99
8강 통사론과 광고언어 ······ 107
9강 의미론과 광고언어 ······ 113
10강 화용론과 광고언어 ······ 121

11강 광고언어 활용 ··127

12강 공익광고와 광고제 ······································137

13강 타이포그래피, 문자언어의 예술적 변용 ··················151

14강 외국 광고 ··159

15강 광고의 미래와 동영상 광고 ······························165

참고문헌 ···179

제1강

언어와 커뮤니케이션

1. 말, 글, 커뮤니케이션

(과제와 질문 1) 구약성경 창세기의 바벨탑 이야기를 서로 나누어 보십시오.

(과제와 질문 2) 아침에 일어나서 지금까지 한 말들을 그대로 다시 반복할 수 있나요?

(과제와 질문 3) 친구들과 용돈의 용처에 대하여 서로 이야기 해보세요.

묵언 수행하는 스님들이나 실어증 환우들을 제외한다면 하루에 한 마디도 하지 않고 살아가는 사람은 아마도 존재하지 않을 것이다. 말을 한다는 것은 우리가 인간임을 보여주는 가장 확실한 징표이다. 재잘거리며 걸어가는 소녀들의 모습이나 말을 배우기 시작하는 2-3살의 아기들을 보면서 우리는 인생살이가 이렇게 즐겁고 행복하구나 하는 생각들을 하게 된다. 자연스럽게 언어를 익혀가는 과정은 언어학자이자 사회 운동가인 촘스키(Noam Chomsky)교수가 말하는 생득적인 언어능력이 자연스럽게 꽃피는 것처럼 여겨진다. 먼저 말과 글은 어떤 기능을 갖고 있는지 살펴보도록 하자.

말과 글이 없다면? 우리가 갑자기 말을 할 수 없는 상황에 처한다거나 한글이 없다면 우리는 어떤 상황에 놓이게 될까 생각해 본적이 있나요? 당장 우리들 앞에 놓여 있는 이 책은 하얀 종이의 묶음으로

만 존재할 것이고 신문과 방송도 사라질 것입니다. 아름다운 시도 노래가사도 우리의 머릿속에서 떠오르지 않을 것이다. 언어는 다음과 같은 주요 기능을 갖고 있다.

① 언어는 우리의 생각이나 감정을 표현하는 기능을 갖는다. 언어는 인간의 생각을 표현하는 가장 대표적인 수단이다. 우리가 머리에 떠오르는 느낌이나 생각을 글이나 말이 아닌 다른 수단, 예를 들면 몸짓이나 손짓을 통하여 표현하려고 한다면 얼마나 어려울까? "물 마시고 싶다", 혹은 "배가 고프다" 같이 현재 가지고 있는 신체적 욕구들은 무언극(팬터마임:pantomime)을 잘하는 사람들은 어느 정도 표현할 수 있을 것이다. 여러분들은 아래 문장 중 어느 것을 무언극으로 전달할 수 있다고 생각하는지요?

> 나는 지금 삼다수 생수를 마시고 싶다.
> 나는 배가 살살 아프다.
> 나는 배가 아픈지 고픈지를 모르겠다.
> 나는 지금 배가 고프다는 것을 빨리 너에게 알려주고 싶다.
> 나는 지금 배가 고프다는 것을 너에게 들키고 싶지 않다.
> 나는 어제 그 때 배가 고팠다는 것을 지금이라도 너에게 알려주고 싶다.

② 언어는 인간이 쌓아온 지식과 정보를 더 먼 곳으로, 또 후대에 전달하는 정보전달 기능을 가지고 있다. 백과사전에 실려 있는 많은 지식들이 언어라는 매체를 통하지 않고 다른 사람에게 혹은 다른 지역으로 잘 전달될 수 있을까요? 종이 안의 정보와 지식들이 다른 매체를 통하여, 예를 들면 전자문서화 되어 다른 형식으로 전환된다 할지라도 다시 언어라는 과정을 통하지 않고는

제대로 전달될 수 없다. 언어는 인간 지식을 담는 큰 그릇이다. 언어는 동시에 지역적 한계를 지니고 있다. 모든 세상 사람들이 한 언어만을 사용하지는 않는다. 세상에는 수많은 언어가 있으며 이 언어의 다름으로 인한 소통 상의 어려움을 극복하고자 외국어 공부에 많은 시간과 노력을 투자하고 있다.

(과제와 질문 4) 사용하는 사람들이 많은 언어 순서대로 10개 언어를 차례대로 말해 보세요.

③ 언어는 친교적 기능도 가지고 있다. 기차 옆 좌석에 함께 가는 낯선 사람에게 "안녕하세요?"라든가 "오늘 날이 좋지요"같은 말을 한 마디도 하지 않고 가기는 어렵다. 만약 강의실에 들어오신 교수님이 단 몇 분간이라도 아무 말씀 없이 가만히 계신다면 여러분들은 어떤 생각이 들까요? 인간은 만나면 서로 "안녕하세요", "반갑습니다"라는 인사를 하게 된다. 점심 시간 후에 "점심 맛있게 드셨어요?"라는 질문에 그냥 "예"라고 하면 충분하지 어디 가서 누구랑 무엇을 먹었는지 말할 필요는 없다. 혹시 말을 하지 않고 악수만 할 수도 있을까요? 그렇다고 길에서 만나는 모든 사람에게 인사를 하는 것도 이상하다. 왜 그럴까요?

④ 언어는 다른 사람들에게 어떤 권위를 부여하고 행동을 권유하거나 지시하는 기능도 가지고 있다. "지금부터 ...."와 같이 행사장이나 식장에서 처음 사용되는 말로 인하여 그 행사가 제대로 진행됨을 널리 알리고 행사에 대한 공식적인 권위를 준다. 신부님이 세례를 주면서 아무런 말씀 없이 그 성스러운 일을 행할 수

는 없다. 혹은 선박 진수식을 행할 때 아무런 말없이 진행할 수는 없는 것이다. 또한 다른 사람에게 행동을 요구할 때는 주로 명령문이나 권유문을 사용하여 발화자의 의도를 청자가 수행하도록 한다. 대화 상대방의 사회적 관계에 의하여 단순한 상황 묘사가 어떤 행동을 취해줄 것을 암시할 수도 있다. 여러분의 경험을 말해 봅시다.

⑤ 언어는 미적 기능을 수행하기도 한다. 많은 문학 작품에 나타나는 아름다운 표현들, 특히 서정시에 나타나는 시구들이 그러하다. 시 낭송회에서 듣게 되는 시들을 통하여 우리는 아름다움에 대하여 생각하게 되고 그 분위기에 도취되기도 한다. 대중가요의 가사를 듣고 우리는 눈물을 흘릴 수 있고 옛 애인을 생각하고 고향이나 돌아가신 부모님을 떠올리기도 한다.

언어는 의사소통을 위한 위대한 수단이다. 그러나 완벽한 수단은 아니다.

(과제와 질문 5) 의사소통을 커뮤니케이션이라고 말한다. 이와 연관된 영어 단어들을 조사해 보십시오.

(과제와 질문 6) 이 과정에 참여하는 대상들을 생각해 보기 바랍니다. 그리고 이 과정을 도표나 그림으로 그려 보십시오.

지금까지 많은 연구에 의하면 동물들도 의사소통을 한다는 사실이 밝혀졌다. Karl von Frisch의 꿀벌 움직임 연구를 통하여 벌들은 꿀이 있는 곳을 춤의 모양과 각도를 통해 다른 벌들에게 알려준다는 사실이 밝혀졌다. 가까운 곳에 있을 때는 원형 춤을 추어 꽃의 위치와 방향을 알리고 3미터 이상 떨어져 있을 때는 8자를 그리는 춤을 춘다고 한다. 돌고래들도 서로 정보를 주고 받고 최근에는 식물조차도 주변의 다른 식물에게 생존을 위협하는 상황이 발생했음을 서로 알려준다는 사실이 밝혀지고 있다.

그러나 인간이 갖고 있는 의사소통능력은 최소의 언어적 요소들을 여러 가지 방식으로 조합하여 수천 수만 가지 표현들을 만들어내고 또 이를 시간과 공간을 통하여 문화로 전승한다는 점에서 동물들의 단편적인 의사소통 수준과 비교할 수는 없다. 그렇다면 인간 언어는 완벽한 의사소통 수단일까? 전혀 그렇지 않다. 왜냐하면 우리는 서로 대화를 하면서도 집중하지 못하는 때도 있고 주변이 시끄러워 말이 잘 안 들릴 수도 있고 화자가 잘못 발음하는 경우도 있기 때문이다. 글을 읽으면서도 많은 어려움에 봉착한다. 내용이 너무 어렵거나 이해하기 어려운 전문어가 많이 나오기도 하고 모르는 외국어가 나오거나 아직 익숙하지 않은 외래어가 나오기도 한다. 한 어휘가 갖는 중의성이나 구조적 중의성 때문에 서로 다르게 이해할 수도 있다. 주고받는 대화나 글의 주제에 대한 기본 지식은 있어야 대화에 적극적으로 참여하고 글의 내용을 제대로 이해할 수 있다. 이러한 상황이 주어지지 않았을 때 우리는 의도된 소통 상황에서 벗어나게 된다. 무엇보다 중요한 것은 한 어휘에 대하여 서로 같은 뜻으로 이해하느냐의 문제이다. 같은 말을 하면서도 서로 다른 생각을 가지고 있는 많은 대중을 우리는 가까이에서 접할 수 있다. "경제 민주화"라는 용어를 동시에 사용하지만 그 말이 정확하게 무엇을 뜻하는지는 그 대화 당사자에게 자세히 물어보아야만 겨우 이해할 수 있는 "불통의 시대"를 우리는 살고 있다. 서로 "사랑한다"라고 말하면서도 다툼이 생기는 것은 서로가 이 단어에 대한 해석이 다르기 때문이다. 예를 들어 친구끼리 용돈으로 얼마를 쓰는가 서로 한 번 물어보고 그 용돈의 용처가 어디인가도 서로 확인해 본다면 앞으로 "용돈 얼마 쓰니?"라는 질문을 주저할 수도 있다. 누구는 교통비, 점심 식사비, 친구와 함께 마시는 커피값, 영화 관람료, 통신 요금 등이 용돈 항목으로 지출되지만 또 다른 누구에게는 옷값 혹은 책값까지도 포함될지도 모른다. 이렇게 일상적으로 사용되는 용돈이라는 표현 속에도 각 개인이 생각하는 용처가 다르기 때문에 서로 비교하는 것이 어려울 수도 있다. 한 표현이 서로 다른 의미를 지닐 수도 있다. 예를 들어 교수님이 교실에 들어와서 "어, 여기 덥구나"라는 표현은 누가 창문을 열었으면 좋겠구나, 내가 웃옷을 벗고 강의하면 좋겠구나, 누가 에어컨을 작동시켜주면 좋겠다 등의 의미를 전달할 수 있다. 반대로 한 의미를 나타내기 위해서도 여러 다양한 표현 가능성이 있다. 즉 상황에 따라서 인간은 같은 의미를 전달하는 말이라도 여러 다른 표현으로 구사할 수 있다. 예를 들어 자동차 초보 운전임을 보여주기 위하여 초보운전, 한 시간 계속 직진 중, 면허를 따긴 땄는데, 저도 제가 무서워요 등의 표현을 사용할 수 있다. 다음 문장들에서 학교가 무엇을 의미하는지 한 번 구체적으로 말해보자. 환유적 의미라고 한다.

오늘 그 학교는 소풍을 갔다.
우리 학교에는 약 50여명의 선생님이 계신다.
우리 학교는 우리 집에서 20분 거리에 있다.
우리 학교는 100년의 역사를 자랑한다.
오늘 학교에서 마을 운동회가 열리고 있다.

하임즈에 의하면 의사소통 능력이란 첫째, 어떤 표현이 형식상 문법에 맞는지 여부를 판단하는 능력, 둘째, 어떤 표현이 실제로 그 생성이나 이해라는 관점에서 가능한지를 판단하는 능력, 셋째, 어떤 표현이 그 표현이 쓰이는 상황에 비추어 적절한가를 판단하는 능력, 넷째, 어떤 표현을 입 밖에 내었을 때 어떤 행위가 이루어지고 그 행위가 무엇을 의미하는가를 판단하는 능력이다. (김광해 권재일 임지룡 김무림 임칠성: 1999, 51 참조)

언어는 공공적인 엄격함을 지니기도 하지만 우리에게 많은 웃음을 만들어 주기도 한다. 유머나 위트를 잘 구사하는 사람들은 대화 상황을 부드럽게 만들어준다. 동시에 날카로운 풍자나 패러디를 통하여 세상사를 비판하거나 해학적으로 웃어넘기기도 한다. 최근에는 "토크 콘서트" 이름으로 말 잘하는 사람들이 대중들 앞에서 자신의 주장이나 감정을 표현하여 큰 인기를 누리기도 한다. 여러분은 혹시 "TED", "세바시", "썰전", "아궁이" 알고 있나요? 또한 언어를 통한 유희인 말놀이는 대화를 더 부드럽게 해주는 촉매제 역할도 하고 우리 사회의 갈등이나 대립관계를 풀어주는 기능을 할 수도 있다. 텔레비전 프로그램 "개그 콘서트"의 경우도 대부분이 우리말을 가지고 노는 언어유희라고 볼 수 있다. 이런 말을 의도적으로 혹은 잘못 사용함으로써 크게 인기를 얻은 김흥국씨의 어록을 살펴보도록 하자.

> 아, 성격 차이였나요? (남편과 사별했다는 라디오 청취자에게)
> 그런데 몇 살 터울이냐? (국악 하는 세 쌍둥이 자매를 소개하면서)
> 이승만 어린이가 그래, '공산당이 싫어요'라고 (이승복 어린이를 잘못 말함)

마돈나가 우크라 대학에서 강의를 한다네요 (미국 UCLA 대학을 우크라로 읽음)
붓통에 목화씨 들여온 사람 있죠, 문익환 (문익점을 잘못 말함)
우리 딸 영어는 거의 원주민 수준이에요 (원어민을 잘못 말함)

따라서 언어가 갖는 엄격함과 부드러움 두 양면을 잘 이해하여야만 우리는 바른 언어생활을 할 수 있다. 말을 맛깔나게 하고 글을 멋지게 쓰기 위해서는 언어에 대한 관심을 항상 가지고 있어야 한다. 인간을 인간답게 만들어주는 첫 번째 요소인 인간언어의 특성을 간단히 생각해 보자.

2. 인간언어의 특성

① 언어는 우리 인간이 다른 동물과 달리 뇌, 음성기관이 잘 발달하면서 갖게 된 인간만의 고유한 특성이다. 인간도 동물의 울음소리를 흉내 내거나 휘파람 소리를 내면서 흥얼거릴 수 있지만 언어학에서 중요한 것은 사람이 의도적으로 내는 목소리이다. 즉 코, 혀, 입술, 성대 등의 음성기관과 언어를 관장하는 뇌의 중추기관이 함께 말을 만들어내고 있다. 인간이 내는 말소리는 실제로는 끊어지지 않고 연속하여 나오지만 언어학적 분석을 위해서는 서로 분절된다고 가정한다. 그리고 이렇게 나누어진 소리의 조각들은 서로 다른 것과 구분되는 특징을 지니고 있다고 가정한다. 그리고 세계의 모든 언어들은 그 언어만의 독특한 음운체계를 가지고 있다. 인간의 말소리에 관련된 언어학의 하위 연구 분야를 음성학, 음운론이라고 한다.

② 언어는 그것이 지시하는 대상과 기호가 서로 자의(恣意)적으로 결합되어 있다. 우리는 사과라고 하지만 영어로는 apple이고 독일어로는 Apfel이다. 즉 왜 그렇게 발음하고 표기되었는지 정당한 인과관계가 없다는 것이다. 혹은 있었다 하더라도 지금의 우리는 알 수 없는 것이다. 의성어라고 할지라도 각 언어에 따라서 서로 달리 표기한다. 닭의 울음소리를 듣고도 한국 사람은 꼬끼오 라고 해석하지만 일본 사람은 kokkekokko, 미국 사람은

cockadoodledoo, 프랑스 사람들은 cocorico, 독일 사람은 kikeriki 라고 표기한다. 우리나라 개는 멍멍이라 짖고, 미국 개는 bow-wow라고 달리 짖을까? 한 언어공동체는 모두 이러한 자의적 결합에 대하여 동의하기 때문에 우리는 의사소통을 그래도 할 수 있는 것이다. Peter Bichsel의 "책상은 책상이다"에 묘사된 것처럼 우리가 만일 다른 사람들과 완전히 다른 표현을 사용하게 되면 어떻게 될까? 마지막 부분만 인용한다.

"회색 외투를 걸친 이 늙은 남자가 이제는 사람들을 이해할 수 없게 되었다는 것은 그렇게 나쁘지 않았다. 이보다 훨씬 더 나쁘게 된 것은 사람들이 이제는 그를 이해할 수 없게 된 것이었다. 그래서 그는 이제 말을 하지 않았다. 그는 침묵했고, 자기 자신하고만 이야기했고, 인사조차 하지 않게 되어 버렸다. (김광규 역:1979, 27)

③ 언어는 체계적이다. 각각의 개별 요소들을 서로 몇 개의 범주로 나누어 서로 같은 것으로 혹은 다른 것으로 이해한다. 한 반의 학생들을 남학생과 여학생으로 나눌 수도 있지만 안경을 쓴 학생과 안 쓴 학생으로 나눌 수도 있고, 키가 큰 학생과 작은 학생으로 나눌 수도 있다. 소리의 연속체를 우리는 서로 나누어서 분석하고 또 이들을 서로 다른 기준을 통하여 분류한다. 자음 [p]는 두 개의 입술이 붙었다 떨어지면서 나는 소리이기 때문에 양순음이라고도 하고 파열음이라고도 한다. 모음 [i]는 고모음이면서 전설모음이다. 이런 소리들을 어떤 체계에 따라서 서로 조직화함으로써 말소리에 대한 기술과 설명이 가능하게 된다. "상, 쌍, 방, 빵" 에서 "ㅏ" 앞에 나오는 "ㅅ, ㅆ, ㅂ, ㅃ"은 서로 대립

하여 나타나며 함께 나타날 수는 없다. 그래서 이 요소들은 서로 같은 계열에 속한다고 한다. "상"에서 "ㅅ, ㅏ, ㅇ"은 서로 결합해서 "상"을 만들어 낸다. 이러한 요소들은 통합관계에 있다고 한다. 다음과 같은 문장에서도 이러한 관계는 나타난다. 주어, 목적어, 동사 서술어 자리에 계열관계에 있는 다른 단어들을 넣어도 모두 올바른 문장이 된다.

철수/나/영희/는 집/교회/절/산에 간다.
나는 밥/국/빵/사탕/을 먹는다.
나는 영희를 좋아한다/사랑한다/바라본다.

④ 인간 언어는 매우 생산적이다. 각 언어는 일정 수의 음운이 여러 방식으로 결합하여 많은 음절과 형태소들을 생성해 낸다. 작은 음소로부터 시작하여 점점 더 큰 형태소가 만들어지고 또 형태소들이 모여서 더 큰 단어로 확대된다. 그리고 단어들이 결합하여 하나의 구를 만들고 이 구들이 결합하여 문장을 만든다. 제한된 규칙과 제한된 어휘를 가지고 우리는 무한히 긴 문장을 말할 수도 있고 다른 사람들이 한 번도 말하지 않은 문장들을 만들어 낼 수 있다. 어떤 교수님이 강의 시간에 들어와서 3분 동안 한 말들은 그 전의 어떤 누구도 똑같은 말을 하지 않은 새로운 말의 연속일 것이다.

⑤ 인간의 언어는 변화한다. 우리가 새로운 물건을 만들어 내면 그것을 지칭하는 새로운 조어가 만들어진다. 그리고 시대의 변화에 따라서 이제는 더 이상 사용되지 않는 어휘들은 역사 뒤로

사라지게 된다. 전통 농업시대 농기구를 지칭하는 단어는 점차 젊은이들의 어휘목록에는 더 이상 나타나지 않는다. 그 자리에는 새로운 정보통신기술 관련 어휘나 바이오 산업 관련 어휘들이 들어오게 된다. 인터넷 채팅이나 스마트 폰의 사용이 보편화됨에 따라 축약형이나 이모티콘 같은 새로운 유형의 기호들이 등장한다. 혹시 다음 단어들을 들어본 적이 있나요? 전신환, 전보, 적산가옥, 전당포, 지게, 자리끼, 아 햏 햏......

독일의 언어학자인 훔볼트는 언어는 정적인 것(Ergon)이 아니라 동적인 것(Energeia)이라고 하였다. 언어는 이루어진 그 자체로서만 존재하는 것이 아니라 변화하면서 동시에 새로운 무엇을 이루어 내는 힘도 가지고 있다. 언어 변화를 연구하는 역사언어학은 언어들의 계보를 많이 밝혀내었다. 영어와 독일어에는 체계적으로 자음이 서로 대치되어 나오는 경우가 많이 있다. 영어의 child는 독일어에서 Kind이다. 그럼 영어의 church는 독일어에서 ( )irche 이다. 영어 cheese는 독일어로 ( )äse 이다. 소리 변화, 형태 변화, 의미변화 모두 일어나고 있다. 인간 언어는 사회적 산물이며 역사적 변화의 산물이기도 하다.

(질문과 과제 7) 이러한 변화는 하루 아침에 일어나지 않는다. 몇 백년에 걸쳐서 일어나기도 한다. "자음추이", "consonant shift"라는 검색어를 입력해 보십시오.

⑥ 언어는 시간을 초월한다. 100여 년 전에 쓰인 성경책은 지금의 우리도 이해할 수 있다. 성경책은 동일한 내용을 기술하고 있기 때문에 언어의 역사적 변천을 연구하는 매우 소중한 자료가

된다. 부모님들이 후손들을 위해서 녹음해 둔 말씀들은 다음 세대 후손들이 들을 수 있으며 글로 쓰인 집안 교훈은 수세기를 지나서도 그 뜻을 자손들에게 전해준다.

언어는 또 공간을 초월한다. 외국으로 이주해간 우리 동포들을 통하여 한국어와 한글은 지구 곳곳에서 사용된다. 영어는 영국과 미국 뿐 아니라 많은 국가에서 공용어로 사용된다. 언어는 시대를 가장 잘 반영한다. 언어는 그 시대 함께 살았던 동시대인(독일어 Zeitgenossene)들의 사고방식과 생활양식을 가장 잘 표현해 준다. 한 나라 문화의 풍성함을 알려면 그 나라 언어가 가지고 있는 어휘의 풍부함을 살펴보면 된다. 우리 시대가 만들어낸 독일어 단어 Freikauf를 살펴보자. frei는 자유라는 뜻이고 kauf는 구입하다의 의미이다. 무슨 뜻일까요? 이 단어는 과거 서독이 동독 측과 벌인 정치범 석방 및 인도 협상 방식을 말한다. 1963년부터 1989년 베를린 장벽이 무너지던 해까지 3만 3755명의 정치범을 동독에서 빼내는 대가로 34억 도이치마르크(약 15억 달러 추산)을 지불했다.

(질문과 과제 8) "이명박근혜, 수구꼴통, 문제인, ㄹ혜, 18원 후원금, 맘고리즘" 등은 무슨 의미를 담고 있는지 생각해봅시다. 그리고 언제쯤 이런 단어들이 우리의 뇌리 속에서 사라지고 사용하지 않게 될까요?

⑦ 언어에는 서로 다른 층위가 있다. 말로 사용되는 구어체와 글로 나타나는 문어체가 있다. 구어는 동일한 물리적 공간에서 사용되며 쌍방성, 동시성, 비언어적 요소의 동시 사용, 수정 불가능

성, 확인 불가능성의 특징을 지닌다. 글은 시간을 초월하고 비상호성, 비동시성, 비언어적 요소의 미사용, 수정 가능성, 확인 가능성 등의 특징을 지닌다. 최근에는 "쓰여진 말"이라는 개념도 정의되고 있다. (천선영: 2013, 173 - 209) 표준어도 있지만 지방 방언도 있고 일부 집단에서만 사용하는 은어도 있다. 서로 다른 사회계층에서 사용하는 언어는 그 모습을 달리한다. 우리가 일상적으로 사용하는 어휘 외에도 특정한 분야에서만 사용되는 전문어들도 있다. 특히 법률, 의학, 경제 등 한 분야에서만 사용되는 어휘들이 있다. 전문어가 어떤 계기로 널리 쓰이게 되면 일상어의 영역으로 편입된다. 광고학에서 사용되는 "소구하다"라는 표현도 법률 용어로는 다른 뜻을 지니고 있다.

소구하다(법률) : 소송에 의하여 권리를 행사하다
소구하다(광고) : 상품 판매를 위해 소비자를 효과적으로 설득하는 일체의 작업을 하다 (appeal)

먼저 다음 질문에 가능한 답을 두 개씩 해보세요.

(질문 9) 남자에게는 있고 여자에게는 없는 것은? 여자에게는 있고 남자에게는 없는 것은?

(질문 10) 태백산맥은 남한과 북한을 잇는 한반도의 등뼈이다. 남한과 북한을 잇는 것은?

남자를 말할 때 우리는 건장한 젊은 남성을 뜻할 수도 있지만 남자라는 단어 그 자체를 뜻할 수도 있다. 이렇게 어떤 대상을 표현하는 언어를 대상언어라고 말하고 그 대상언어의 구조에 대하여 말할 때 우리는 메타언어라고 말한다.(전성기: 1996 참조) 질문 9에 대하여 ㅁ으로 답하면 메타언어로 본 것이다. 질문 10에 대한 답으로 "태백산맥"으로 말할 때는 대상언어로 본 것이고 "과"로 답하는 것은 메타언어로 본 것이다.

인간언어에 대한 탐구는 인간 사고과정의 탐구이자 인간 그 자체에 대한 탐구이기도 하다. 사람이 사용하는 언어를 보면 그 사람을 알 수 있다. 최근 "언어와 생각 연구소" 소장인 최종희님의 책 "박근혜의 말"이 출판되었다. 푸줏간 주인에게 호칭을 달리 함으로써 같은 값에 받아오는 쇠고기의 부피가 다르다는 이야기는 많이 들었을 것입니다. 여러분은 어느 쪽?

박서방 쇠고기 한 근 주게나
야, 이놈, 박가야, 쇠고기 한 근 주라

언어학 내용을 재미있게 읽을 수 있는 책

정재윤: 말과 글을 살리는 문법의 힘, 시대의 창, 2016.
강옥미: 언어여행, 태학사, 2009.

말하기에 도움을 받을 수 있는 책

데이비드 크리스털(지음) : The Gift of the Gab, 이희수(옮김) :힘있는 말하기, (주)북새통 토트출판사, 2016.
이주진: 말을 잘 하는 법? 3M 법칙만 기억하라, 출판 이안, 2016.

제2강

언어학의 연구 분야

(질문과 과제 1) 쌍용 자동차의 영어식 표기는 Ssangyong 이다. 영어 단어가 ss--로 시작하는 것이 있나요? 없다면 왜 없을까요? 혹시 있다면 어떤 경우인가요?

(질문과 과제 2) "american history teacher"우리말 해석은 무엇일까요? 유사한 표현들을 찾아보세요.

(질문과 과제 3) "문 닫고 들어와", "세수하고 밥 먹어"에서 언어표현과 행동의 순서가 동일한가요, 다른 것인가요?

언어가 과학적 탐구의 대상이 되면서 언어학은 모든 학문의 기초가 되고 있다. 언어학 연구는 일반언어학과 개별언어학으로 나눌 수 있다. 또한 공시언어학과 통시언어학, 이론언어학과 응용언어학으로 나누어 연구될 수 있다. 언어를 이루는 기본 요소들을 주요 연구대상으로 하는 이론 언어학에서는 다음과 같은 하위 분야가 있다.

① (음성학, 음운론) 인간 소리를 연구하는 학문인 음성학은 소리가 어떻게 만들어지는지를 연구하는 조음 음성학, 소리의 음향적 특징을 연구하는 음향 음성학, 우리의 귀에 도달한 소리가 어떻게 뇌의 청각신경까지 도달하는가를 탐구하는 청각음성학으로 나누어진다. 여기서는 조음 음성학만 살펴본다. 모음은 홀로 설 수 있는 소리이며 자음은 모음과 합해져야만 소리가 만들어진다. 우리가 치과에 가면 의사 선생님이 항상 "아 하세요"라고 말씀하신다. "이 하세요"라고는 하지 않는다. 왜냐하면 "아"소리를 낼 때 우리는 가장 크게 입을 벌리기 때문이다. 모음은 혀의 위치가 어디에 있는가에 따라서 서로 다른 소리로 구분한다. 전설모음, 중설모음, 후설모음으로 구분하며 고모음, 중모음, 저모음으로 구분된다.

(질문과 과제 4) 우리의 구강을 옆에서 본 것처럼 한 번 그려보세요. 검색어로 "모음사각도"를 입력하고 나오는 내용을 읽어보세요.

자음은 공기가 나오면서 어디선가 방해를 받아서 만들어진다. 소리가 만들어지는 위치에 따라서 양순음, 순치음, 치음, 치경음, 경구개음, 연구개음, 구개수음, 성문음으로 구분된다. 그리고 만들어지는 방식에 따라서 파열음, 비음, 마찰음, 파찰음, 유음, 활음으로 구분된다. 파열음은 소리가 터지면서 만들어지는 소리이다. [마, 바, 파]를 발음해 봅시다. 붙어있던 양 입술을 서로 떨어지게 하지 않고 이런 소리를 낼 수 있는 사람은 한 명도 없다. 우리말에서는 대개 한 음소가 하나의 소리로 발음된다. 영어의 경우는 매우 다른 소리값을 지닌다. 영어 a는 about, apple, eat 발음에서처럼 서로 달리 발음된다. 유명한 독설가이기도 했던 버나드 쇼는 enough, women, nation에 나오는 발음을 예로 들면서 ghoti라고 적고 fish로 읽어도 된다고 하였다. moon 단어도 mnemonic, people, jeopardy, solemn에서처럼 m,o,o,n 을 발음한다면 완전히 소리 없는 단어가 되어야 할 것이다. 우리말에서도 같은 문자 표기라고 하더라도 동일하게 발음되는 것은 아니다. "바보"라는 소리를 내보면 두음의 [ㅂ]과 모음과 모음 사이에 들어있는 [ㅂ] 은 같은 표기이지만 실제 소리에는 차이가 있다. 앞의 [ㅂ]은 무성음적 그리고 호기음 성질이 포함되어 있지만 뒤에는 들어 있지 않다. 두 개의 촛불을 켜놓고 고개를 돌리면서 각각의 발음을 내보내 보자. 앞의 [ㅂ] 소리를 발음하면 불이 꺼지지만 뒤의 [ㅂ]에는 불이 꺼지지 않는다.

(질문과 과제 5) 국제음성협회 영어 약어는 IPA이다. 원어는 무엇일까요? 홈페이지를 방문하여 내용을 잠시 살펴봅시다. 우리말에서는 사용하지 않는 소리들을 찾아보세요.

그리고 각 소리가 한 언어 체계 내에서 갖는 기능을 탐구하는 음운론이 있다. 음운(음소)에 대한 다양한 정의가 있지만 우리는 의미의 차이를 구분해주는 최소단위라고 정의하자. 우리말의 음운체계와 영어의 음운체계는 서로 다르다. 음운을 발견하는 가장 쉬운 절차는 서로 의미를 구분하게 해주는 최소 대립이 있는 최소대립쌍(minimal pair)을 찾는 것이다. 우리말에서 음소 /ㅅ/과 /ㅆ/은 서로 다른 기능을 갖는다. “살”과 “쌀”은 서로 다른 의미를 지닌다. “상용 자동차"와 “쌍용 자동차”는 서로 다르다. 그러나 영어에서는 보통소리와 된소리가 서로 의미를 구분해주는 기능을 갖지 않는다. 영어 단어를 찾아보면 ss로 시작하는 단어는 존재하지 않는다. 다시 말해서 쌍용차를 Ssang로 표기한다고 해도 영어권 사람들에게는 [ㅆ] 발음이 어렵게 느껴진다. 그 반대의 경우도 있다. 우리말에서는 성대를 울리는 유성음과 울리지 않는 무성음 구분이 중요하지 않지만 영어에서는 유성음/무성음의 구분이 매우 중요하다. [b/p], [d/t], [g/k] 구분이 중요하다. bine(덩굴식물 홉의 덩굴)과 pine, dime과 time에서처럼 두 단어를 구분해 주는 요소로서 그 대립이 중요하다. 그러나 우리말에서는 이 구분이 중요하지 않다. 부산을 Busan이나 Pusan으로, 또 대구를 Daegu나 Taegu 중 어느 것을 써야 하는지 논쟁을 할 필요는 없고 그냥 정한 규범에 따르면 된다. 그리고 음소의 기능을 갖는 것으로 소리의 장단, 강세, 고저, 내부개방연접이 있다. 우리말의 말(言語)과 말(馬), 군수(郡守)와 군수(軍需)처럼 길고 짧음에 따라서 의미가 달라진다. 영어에서는 강세에 따라서 즉 악센트가 어디에 오느냐에 따라서 동사와 명사로 구분된다. 고저의 차이에 의한 의미 차이를 잘 보여주는 것은 성조어인 중국어이다. ma는 상평성일때는 어머니 마(媽), 하평성일 때는 삼 마(麻), 상성일때는 타는 말(馬), 거성일때는 꾸짖다 마(罵)이다. 영어 두 단어 간에 나타나는 아주 짧은 휴지를 내부개방연접이라고 한다. /aıskrim/ 발음은 어디에서 잠시 쉬는가에 따라 I scream 으로도 ice cream 으로도 이해될 수 있다.

(과제 6) 불/풀/뿔, 남자/낭자, 손/돈/논, 거울/너울, 발/말/살/날/달/알/에서 최소대립쌍을 골라내어 봅시다.

(과제 7) minimal pairs를 다음에서 찾아내어 봅시다. 다른 쌍들도 아는 대로 찾아보세요.

seal/zeal, pen/pan, hat/had, rot/lot

(질문과 과제 8) 동사와 명사로 사용될 때 강세 위치가 어디에 오는가요? increase–increase, present–present 품사에 따라 악센트 위치가 바뀌는 단어들을 찾아보세요.

② (형태론, 조어론) 음소들이 모여서 이루는, 의미를 지니는 최소 단위가 형태소이다. 이 형태소의 쓰임새와 의미 및 구조를 연구하는 것이 형태론이다. 그리고 이러한 형태소들끼리 결합하여 새로운 단어가 만들어지는 과정과 원리를 연구하는 조어론이 있다. 둘 이상의 형태소가 결합하여 파생어와 합성어를 만든다. 접두사나 접미사가 붙어 있는 것을 파생어라 하고 서로 대등한 두

요소가 결합하면 합성어라고 한다. 조어현상은 언어가 갖는 창조적인 힘을 보여주는 예이다.

명사 "반지" 앞에 붙을 수 있는 다른 단어들을 생각해 보자. 이런 합성어로 가능한 것은 금반지, 은반지, 다이어먼드반지, 꽃반지, 돌반지, 약혼반지, 결혼반지, 임관반지 등일 것이다. 물반지나 흙반지는 만들어질 수 없다. 이 단어들을 보면 크게 두 부류로 나누어진다. 즉 반지의 재료가 되는 것이 앞에 온 것들과 반지로 기념하기 위한 날이 앞에 온 것들로 나누어진다. 또 더 생각을 해보면 금반지와 은반지는 금과 은으로 모두 만들어진 것이지만 다이어먼드반지와 꽃반지는 모두 다이어먼드와 꽃으로 만들어진 것은 아니다. 가장 중요한 부분이 다이어먼드와 꽃이기 때문에 그렇게 불린다. 혹시 앞으로는 이혼반지도 생겨날지 모르겠다. 이렇게 조어들을 분석함으로써 언어와 우리 세계의 연관성을 현실적으로 느끼게 된다. 햄버거의 어원은 hamburger sandwich이다. 여기서 소고기버거, 새우버거, 참치버거 등 신조어가 많이 생성되었다. (back-formation) 그렇다면 햄버거에는 햄이 들어있는 것인가요?

접미사로서 영어 ic의 의미는 다음과 같다. 미국인들은 이 어휘들을 모두 하나의 의미 범주 속에 포함시켜서 이해한다. 그러나 우리말로 해석하면 서로 조금씩 다르다. 두 언어를 사용하는 사람들은 서로가 세상을 보는 눈이 다르다는 것을 보여준다. 우리에게는 벼, 모, 쌀 등으로 구분하지만 영어로는 모두 rice 이다. 에스키모인들이 눈을 표현하는 어휘는 약 200여 개라고 한다. 눈이 그들의 생활에서 매우 중요하기 때문에 상황에 따라서 부르는 어휘가 발달했기 때문이다.

관련 있는 : volcanic, germanic
과 같은 성질이 있는 : angelic, classic, nymphomaniac
에 의해 만들어진 : photographic, symphonic
으로 이루어진, –에 빠져있는 : alchoholic

(질문과 과제 9) 영어에서는 다음과 같이 행위와 행위자를 의미하는 단어 쌍들이 있다.

teach-teacher smoke-smoker walk-walker
요리사를 뜻하는 것은 cook일까요 cooker일까요?
위와 다르다면 왜 그럴까요?

(질문과 과제 10) 긍정–부정의 의미를 지니는 다음 단어 쌍들에서 어떤 규칙을 발견할 수 있나요?

tolerable–intolerable, tangible–intangible, decent–indecent
possible–impossible, personal–impersonal
regular–irregular, legal–illegal

영어 com/con/col 은 모두 접두사로 사용될 때 "함께"라는 의미를 지니고 있다. 뒤에 나오는 자음에 따라서 그 형태가 변화한다. l 앞에서는 col, r 앞에서는 cor로 뒤의 자음과 동일한 자음으로 변화한다. h, w 및 다른 모음 앞에서는 co로, b m p 앞에서는 com으로 변화한다. 그 외 경우에는 con 이다.

언어의 창조성으로 인하여 새로운 사물이나 현상이 생겨나게 되면 이를 표현해 주는 새로운 어휘를 생성할 수 있다. 최근 우리 사회를 완전히 혼돈 속으로 몰아간 최순실게이트란 표현에 있는 게이트는 무슨 뜻일까요? 영어 gate는 문이니까 최순실이 열어 놓은 문일까요,

아니면 혼돈의 문일까요? 워터게이트 사건은 1972년 일어났다. 미국 대통령 닉슨의 재선을 위한 비밀공작반이 워싱턴의 워터게이트빌딩에 침입하여 상대당인 민주당 전국위원회 본부에 도청장치를 설치하려다 발각 체포된 미국의 정치적 사건이다. 이후 정치적인 사건 뒤에 게이트란 표현을 지금까지 사용하고 있다. 박동선 사건을 코리아게이트, 2016년 후반기 우리가 겪고 있는 국정농락(농단) 사태를 최순실게이트라고 부른다. 형태소 중 오직 한 어휘에서만 나나나는 유별난 형태소도 있으니 우리는 이것을 유일 형태소라고 한다. 이러한 예로는 보슬비, 앙갚음에 보이는 보슬, 앙이 있다. 그리고 특정한 형태소로 끝나는 어휘들을 찾기란 일반사전에서는 거의 불가능하다. 이런 경우 역순사전을 활용하면 쉽게 찾을 수 있다.

(질문과 과제 11) telescope, television, telegram, telegraph, telecom이 모두 지니는 공통 의미는? 그렇다면 telescope, microscope, periscope 단어가 모두 지니는 공통 의미는?

(질문과 과제 12) —집으로 끝나는 어휘들을 아는 대로 적어봅시다.

(질문과 과제 13) 역순사전이란 무엇이고 어떠한 경우에 유용하게 사용할 수 있을까요? 출판된 우리말 역순사전을 찾아보세요. 소프트웨어 한글 프로그램에서 역순사전처럼 특정 형태소로 끝나는 어휘들을 찾으려면 어떻게 하면 될까요?

③ (통사론) 통사론은 어휘들이 문장 내에서 어떤 방식으로 연결되어 올바른 문장을 만들어 내는가를 연구하는 학문이다. 그리고 문장을 이루는 구성요소들이 어떠한 위계질서를 지니는지를 설명한다. 1960년대부터 Chomsky의 변형생성문법 이론 연구의

중심을 이루는 학문이었으며 인간이 갖고 있는 언어능력을 명시적으로 보여주려는 다양한 연구 결과들이 도출되었다. american history teacher는 두 의미를 지닌다. 이를 잘 설명할 수 있는 방법은 각 단어들끼리 결합하는 과정이 다름을 명시적으로 보여주면 된다. 즉, american과 history가 먼저 결합하면 미국 역사가 되고 teacher가 결합하면 미국역사를 가르치는 선생님의 의미가 도출된다. 만약 history와 teacher 가 먼저 결합하면 역사 선생님이 되고 후에 american과 결합하면 미국인 역사 선생님이 된다. 이렇게 문장을 구성하는 성분들끼리 어떤 위계 구조를 설정함으로써 의미의 중의성을 잘 설명할 수 있게 되었다. 또한 인간이 머리 속으로 생각하는 어떤 구조를 심층구조라 하고, 입으로 나오는 실제 문장 구조를 표층구조라고 나누어서 능동문과 수동문의 관계를 비롯한 동일한 의미를 지니면서 서로 다른 문장 관계를 잘 설명한다. 예를 들면, 경찰관이 도둑을 잡았다./도둑이 경찰관에게 붙잡혔다. 철수는 영희를 천재라고 생각한다./철수는 영희가 천재라고 생각한다 같은 문장의 관계이다. 이 두 구조를 이어주는 변형에 관한 연구가 초기에는 많이 진행되었다. 구성 성분들 간의 관계인 주술관계, 객술관계, 수식관계 등을 다루는 통사론에서는 다음과 같이 문장의 어순에도 많은 관심을 가졌다.

(질문과 과제 14) 나는 어제 해운대 바닷가에서 친구랑 함께 맥주 두 병을 마셨다.

이 문장에서 단어들의 위치를 바꾸어 문장을 만들면 몇 개나 만들 수 있을까요? 노트에 적을 수 있을까요? 고등학교에서 배운 "경우의 수"가 큰 도움이 됩니다. 생각해 봅시다.

우리말에서는 강조하거나 청자가 알고 싶어 하는 내용을 문장 앞에 오게 할 수 있다. 이를 주제화 규칙이라고 한다. 위 문장에서 우리는 다음과 같은 문장으로 바꾸어 말할 수 있다.

어디서 마셨는지를 궁금해 하는 사람에게는,
해운대 바닷가에서 나는 어제 친구랑 함께 맥주 두 병을 마셨다.

누구랑 마셨는지를 궁금해 하는 사람에게는,
친구랑 함께 나는 어제 해운대 바닷가에서 맥주 두 병을 마셨다.

어떤 술을 마셨는지 궁금해 하는 사람에게는,
맥주 두 병을 나는 어제 해운대 바닷가에서 친구랑 함께 마셨다.
맥주를 나는 어제 해운대 바닷가에서 친구랑 함께 두병이나 마셨다.

이렇게 제한된 어휘를 가지고도 엄청나게 많은 문장을 생성해 낼 수 있다. 촘스키 교수는 최근까지도 왕성한 사회활동을 하면서 인간의 존엄성 그리고 인간의 가치에 대한 한없는 애정을 보여주고 있는, 우리가 텔레비전 화면상으로도 만나고 싶어 하는 세계적 석학이다. 그 동안의 연구 결과를 요약했다고 볼 수 있는 What kind of creatures are we?가 우리말로 번역되어 출판되었다. 약간은 철학적이고 어려운 내용이지만 한 번 도전해 보세요.

④ (의미론) 의미론은 언어의 의미를 연구한다. 여기서 의미가 무엇인가? 리처드와 오그덴(1923)은 The Meaning of Meaning 에서 그 당시까지의 의미에 대한 정의 16가지를 구분하고 사고지시

(개념), 상징(언어표현), 지시물(지시 대상물)을 삼각형의 꼭짓점에 두고 이들이 서로 관련을 맺는 것을 의미의 삼각형이라고 지칭하였다. 우리가 산이라고 했을 때 머리 속에 그려진 산이라는 개념을 통하여 인식하기 때문에 하얀 노트에 그려진 산 그림을 보고도 산이라고 부른다고 생각하면 된다. 의미는 또 지시(denotation)와 내포(connotation), 외연(extension)과 내포(intension), 지시(reference)와 의의(sense) 등으로 구분하여 설명하기도 한다. (철학사전 찾아서 더 읽어보려고 노력하기)

한 사물에는 정확하게 하나의 단어만 존재하는 것은 아니다. 같은 대상을 지칭하는 표현이 여럿 가능하다. 예를 들어 친구=동무, 김영란법=부정청탁 및 금품등 수수의 금지에 관한 법률, 프라임 사업(PRIME=Program for Industrial needs-Matched Education)=산업연계교육활성화선도대학 사업, 깜빡이=방향지시등이 있다.

(질문 15) 에베레스트 산, 금성을 의미하는 다른 표현들을 찾아보세요. 왜 이렇게 다른 표현들이 가능할까요?

중의적이라는 것은 한 어형이 여러 개의 서로 다른 뜻을 전달하는 것을 말한다. 하나의 단어가 중의적일 수 있다. 즉 말은 장기의 말(馬), 우리가 사용하는 말, 그리고 동물 말로 각기 서로 다른 대상을 지칭할 수 있다. 배도 인체의 한 부분, 강이나 바다에 있는 운송수단, 먹는 과일의 한 종류로 세 가지 의미를 지닌다. 이러한 다의성은 문맥에 따라서 즉 어떤 다른 단어들과 결합해서 사용됨으로써 한 의미로 고정된다. "교수님의 책"은 교수님이 쓰신 책, 교수님이 갖고 있는 책, 교수님이 주신 책 등으로 다양하게 해석될 수 있다. "아름다운 시골 소녀"도 아름다운 시골에 사는 소녀를 뜻할 수도, 시골에 사는 아름다운 소녀를 뜻할 수도 있다. 텔레비전 프로그램인 개그콘서트 코너 "세젤예"의 대화에서 나타나는 수많은 언어유희도 이러한 중의성을 활용하고 있다. 당연히 광고언어에서도 수많은 중의적 표현들이 나타난다.

찬 음식을 먹었더니 내 배가 너무 아프다. (腹部)
나는 배를 타기만 하면 뱃멀미를 한다. (船舶)
소화가 잘 안될 때는 배를 깎아 먹으면 도움이 된다. (梨)

어휘가 가리키는 의미는 고정되어 있지 않다. 시대의 흐름에 따라서 의미가 확대되기도 하고 축소되기도 한다. 이모는 어머니의 동생을 가리키지만 지금은 점차 그 의미가 확대되고 있다. 부계사회에서 모계사회로 변화하면서 아버지의 동생인 고모보다 어머니의 자매를 뜻하는 이모 표현이 더 많이 사용된다. 훨씬 더 정겹게 들리기 때문에 음식점 아주머니를 이모라고 부르는 것은 이제 너무나 자연스럽게 여겨진다. 큐레이션에서 만들어진 큐레이터라는 용어는 처음에는 박물관 큐레이터 정도로만 사용되었지만 지금은 커피 큐레이터, 북 큐레이터로 선별/정제/재배열 하는 사람들을 총칭하는 표현으로 변화하고 있다. 카페라는 어휘도 예전에는 다방, 찻집과 같이 차를 마시고 담소를 나누는 장소에 국한되어 사용되다가 지금은 만화카페, 창업카페, 이야기카페, 플라워 카페, 키즈카페, 북카페 등으로 확대되었다. 그리고 콘서트라는 외래어는 북 콘서트, 토크 콘서트, 개그 콘서트 등으로 점점 더 쓰임이 확대되고 있다.

단어 표현 속에는 그 어휘가 만들어지던 당시의 시대인식이 담겨져 있다. 영어 Far East를 번역한 우리말 표현 극동(極東)은 "동쪽의 끝"이라는 의미를 담고 있다. 우리나라, 중국, 일본 등 동아시아 지역을 구미에서 보아 이르는 말이기 때문에 그러한 것이다. 중동(中東), 근동(近東)을 만약 우리 중심으로 표현한다면 거꾸로 바꾸어야 할 것이다. 그러나 언어는 일종의 사회적 계약이므로 내 기분대로 바꿀 수는 없는 것이다. 그리고 사전적 의미와 실제 생활에서 의미가 좀 다르게 쓰이는 경우도 있다. 적당하다의 의미는 사전에는 정말로 좋은 의미이지만 군대에서 "적당하게 해라"라는 표현은 상급자의 지적을 받지 않을 만큼만 일을 대충대충 하는 것을 의미한다. "적당주의 철폐하자"라는 표어대로 한다면 우리는 어떻게 해야 할까요?

的當 : 꼭 들어맞음 (과녁)
適當 : 어떤 상태나 목적 따위에 알맞게 들어맞음 정도에 알맞음
(적당한, 적당하게) 뒤에 말썽이 되지 않을 정도로, 엇비슷하게
요령이 있음

의미의 본질을 학문적으로 밝히려는 시도로 자질이론, 망이론, 원형이론이 제시되었다. 우리의 심상에 입력된 어휘 속에 어떤 의미관련 원자가 존재하며 이 의미는 고정적이라는 관점에서 의미를 자질들의 집합으로 보려는 자질이론에 의하면 총각은 [+인간, +남자, +결혼 않은 성년]의 결합이 된다. 그럼 처녀는 [+인간, -남자, +결혼 않은 성년]이 될 것이다. 총각과 처녀는 사람에게만 사용되는 어휘이지 동물에게는 사용되지 않는다. 혹시 처녀를 [+인간, +여자, +결혼 않은 성년]으로 할 수도 있다. 그러면 총각은 [( )인간, ( )여자, +결혼 않

은 성년]으로 될 것이다. 망이론은 의미라는 것이 상호 복잡한 망으로 연결되어 있기에 언어 전체 속에서 차지하는 위치로 이해해야 된다는 입장이다. 어휘장 이론과도 연결된다. 낱말밭이론에 의하면 "생명이 끝나다"라는 의미의 "죽다"는 그 사람의 신분에 따라서 붕어하다, 서거하다, 운명하다, 돌아가시다 등으로 죽음의 원인에 따라서 익사하다, 병사하다, 역사하다, 교살하다, 타살하다, 독살하다 등으로 서로 연결되어 있다. 군인들의 계급인 이병, 일병, 상병, 병장, 하사, 중사, 상사, 준위, 소위, 중위, 대위, 소령, 중령, 대령, 준장, 소장, 중장, 대장 단어들이 어떤 구조를 가지고 있는지 생각해 보도록 하자. 어휘들은 최근 떠오르는 빅데이터 이론에서처럼 서로 연결이 많고 적음을 통하여 의미의 연결성을 입체적으로 보여준다. 여러분들도 큰 백지 위에 친한 친구들 이름 몇 개를 적어놓고 서로 어떻게 연결되는지를 한 번 해보세요. 그럼 가장 많은 선이 연결되는 친구들이 친구사회에 중심이 됨을 확인할 수 있을 것이다. 원형이론은 우리가 어떤 범주에 속하는 어휘들을 말하라고 할 때 가장 빨리 혹은 가장 쉽게 많은 사람들의 머리에 떠오르는 단어와 가장 늦게 떠오르는 단어가 있다는 생각으로 심리학자 Rosch가 주장한 것이다. 과일을 말하라고 할 때 수박, 사과는 먼저 떠오르지만 망고, 아로니아는 제일 마지막에 떠올릴 수 있는 것이다. 새를 말하라고 하면 참새, 비둘기, 까치는 쉽게 떠올리지만 펭귄은 마지막에나 떠올릴 수 있을 것이다. 우리 한국인의 특성을 말하라면 가장 먼저 떠오르는 것은 "빨리 빨리"일까요?

서로 다른 의미를 지니는 어휘끼리 결합할 때도 원칙이 있다. "어제 오늘"로 쓰지 "오늘 어제"라고는 하지 않는다. 이는 인간이 사물을 바라보는 심리 상태가 언어 속에 녹아 있는 것을 보여준다. 자기와 가까운 것부터 말하는 것이 당연하다. 우리는 한일관계(韓日關係)라고 하지만 일본에서는 당연히 일한관계(日韓關係)라고 할 것이다. 개폐(開閉)라고 쓰지 폐개라고 쓰지 않는다. 오륙도(五六島)지 육오도는 아니다. 부부(夫婦), 남녀, 신사숙녀에서처럼 우리나라에서는 남존여비 사상이 드러나지만 서양에서는 Ladies and Gentlemen이라고 한다. 그러나 연놈, 암수와 같은 비속어와 동물을 지칭할 때는 그 순서가 바뀌게 된다. 긍정과 부정 표현이 합쳐질 때는 긍정이 앞에 나온다. 장단, 잘잘못, 선악 등의 예가 있다.

이러한 어휘들끼리 서로 연결되어 사용될 때도 자연스러운 연결이 있고 부자연스런 연결도 있다. 이러한 것을 공기제약이라고 한다. 함께 나타날 수 있는 연어들을 연구하는 것은 정확한 언어 구사 능력을 키우는데 큰 도움이 된다. 다음과 같은 영어 예들을 살펴보면 고개가 끄떡여지는가요? (Leech: Semantics, 2nd. Edition, 1981, 17.)

최근에는 코퍼스 언어학을 통하여 한 텍스트(최소한 몇 백만 어절)에 나타나는 어휘의 빈도 수와 함께 어울리는 단어들의 빈도 수를 통계적으로 살펴볼 수 있게 되었다. 예를 들어 1960년-1980년 대 언어와 2000년-2020년 대의 정해진 기간 동안 신문기사를 비교해 보면 사회 변화를 언어사용 실태를 통하여 분석할 수 있다.

pretty girl/woman/flower/garden/colour/village
handsome boy/man/car/vessel/overcoat/airliner

그리고 지금까지 있었던 의미 외에도 새로운 의미가 덧붙여지는 경우도 있다. BMW는 독일 자동차 회사명이지만 bus, metro, walking

두문자를 따서 대중교통을 뜻하기도 한다. "소나무 숲"은 주변 사람에 대한 험담을 공개적으로 할 수 있게 만들어진 SNS 상의 계정 이름을 뜻하기도 한다. 뜻을 모르는 어휘들이 포함된 관용적 표현들도 많이 있다.

(질문 16) 시치미를 떼다, 서슬 푸른(퍼런), 버킷리스트에서 시치미, 서슬, 버킷은 무슨 뜻일까요?

⑤ (화용론) 화용론은 언어기호와 언어 사용자 사이의 맥락 관계를 연구하는 학문이다. 주로 화시소, 함축, 전제, 화행 등을 다룬다. 화시소는 발화가 일어나는 시간, 장소, 화자와 청자 관계를 다룬다. "나는 내일 여기 온다."라는 표현 속에서 나, 내일, 여기가 각각 정확하게 누구와 무엇을 지칭하는지는 불분명하다. 영어 one은 1인칭, 2인칭, 3인칭 모두를 지칭할 수 있다. 만약 의사가 환자에게 How are we today? 라는 질문을 던진다고 "어, 나 혼자 왔는데...?"라고 생각하면 안된다. 의사가 보여주는 친근감과 유대의 표현이기 때문이다. 우리말에서는 "우리" 표현이 많이 나타난다. 공동체 생활에서 얻어진 것으로 개인주의적 표현이 드러나지 않은 것이다. "우리 마누라"라는 표현을 영어로 옮길 때는 반드시 "my wife"로 해야 한다. 특히 우리말은 상황에 따라 대명사를 사용하지 않는 경우가 많이 있다. 대화 분석을 위해서는 Grice의 협동성의 원리가 중요하다. 대화가 제대로 잘 이루어지기 위해서는 4개의 격률이 잘 지켜져야 한다는 주장이다. 진행되는 대화 목적을 위해 필요한 만큼만 정보를 제공하라, 거짓이라고 믿는 것을 말하지 말라, 관련성 있는 것을 말하라, 모호성과 중의성

을 피하고 간결하고 조리 있게 말하라 등이다. 만일 이에 부합되지 않으면 왜 그렇게 말했을까를 또 생각하게 되면서 함축적 의미가 발생하게 된다. 만약 버스에서 다른 사람의 발을 밟았을 때는 그냥 "죄송합니다" 한 마디면 충분하다. "제가 어제 밤 술을 마시고 아직 정신이 맑지 않아서 ...."그 사연을 줄줄이 이야기할 필요가 없는 것이다. 전제는 우리가 대화하는 상황에서 매우 많은 것이 배경지식으로 대화의 토대가 되고 있다는 것을 말한다. 정관사가 붙은 한정적 표현은 그 대상물이 이미 존재하고 있음을 전제로 한다. 영어 again 이라는 표현이 문장에 있으면 그 내용이 의미하는 일이 이전에 한 번은 일어났음을 알려준다. 철수가 임신했다는 표현은 철수가 여성임을 가리켜 준다. 화행은 말을 통하여 어떤 행위를 하는 것을 의미한다. "내가 책을 사줄게"라는 표현과 "내가 책을 사줄 것을 약속한다."는 같은 의미를 지닌다. 식탁에서 "Can you pass me the salt?"라는 말을 듣고서 "Yes, I can"이라고 답하면서 가만히 있으면 어떻게 될까요? 또한 아래 문장들이 보여주는 공손성의 차이도 연구의 대상이다. 항해일지에 쓰인 다음을 보고 여러분들은 어떻게 생각합니까? 마지막 문장을 본 사람들은 아마도 31일 선장이 술 마시지 않은 사실을 받아들이는 것이 아니라 다른 날은 매일매일 술 마시다 이 날만은 마시지 않았구나 하고 생각하게 될 것이다.

Answer the phone.
Can you answer the phone?
Could you possibly answer the phone?
(항해 일지)

3월 30일 금일 오늘 항해사는 술에 취했다. (선장이 기록한 내용)
3월 31일 금일 오늘 선장은 술에 취하지 않았다. (항해사가 기록한 내용)

⑥ (언어학의 인접학문) 지금까지 언어 내적인 측면에서 연구 분야를 설명하였다. 언어와 다른 학문의 교차지점에서 새로운 연구 분야가 생겨난다. 역사언어학은 언어의 시대적 변화를 탐구한다. 18세기 우리말의 특징이라든지 조선 시대의 의녀란 표현이 시대 변화에 따라서 의녀⇒간호부⇒간호원⇒간호사로 어휘 형태소가 어떻게 지금처럼 변했는지를 연구할 수 있다. 사회언어학은 사회 계층에 따른 언어 차이, 은어나 금기어, 속어, 통신언어 등을 연구한다. 심리언어학에서는 인간의 심리에 따른 언어사용의 차이를 탐구한다. 지역에 따른 언어적 차이를 연구하는 방언학도 있다. 언어와 컴퓨터가 결합되어 전산언어학이 생겨났으며 자연언어처리, 음성인식, 기계번역 등을 연구한다. 이 연구의 연장선에서 최근에는 코퍼스 언어학이 많이 연구되고 있다. 모든 문서가 컴퓨터로 작성됨으로써 방대한 데이터베이스를 기반으로 하여 언어의 실제 사용 모습을 관찰할 수 있다. 한 작가가 자주 사용하는 문장형식을 추출해 내는 연구까지도 진행되고 있다.

사람과 사람의 관계를 이어주는 역할을 하는 것은 말(언어)이다. 바꾸어 말하면 말은 사람과 사람의 관계에서 가장 중요한 역할을 한다. 사람과 사람 사이에 마음을 전하는 것도 말이고, 사람과 사람 사이에 질서와 규칙을 만드는 것도 말이다. 말이 존재하지 않는다면 문화도 과학도 역사도 발전하지 못하고 제자리에 있게 마련이다. 이런 면으로 볼 때 언어야말로 사회를 이루는 기본이 되며 사회를 발전시키는 기제가 된다. 따라서 언어에 대한 공부는 인간에 대한 공부이며, 문화에 대한 공부이며, 역사에 대한 공부이다. 그런 면에서 언어학은 모든 학문 가운데 최상의 자리에 존재하는 학문이 된다. (조오현 김용경 허재영 박동근: 2014, 책 표지)

언어학 본격 연구서

강범모: 언어, 풀어 쓴 언어학 개론, 한국문화사, 2006.
김광해 권재일 임지룡 김무림 임칠성: 국어지식탐구, - 국어교육을 위한 국어학개론, 도서출판 박이정, 1999.
이선우(옮김): 언어에 대한 지식, - 그 본질, 근원 및 사용 -, 민음사, 1999.
Noam Chomsky: Knowledge of Language. (역자 서문과 역자 해제 부분만 읽어보세요)
이민행: 빅데이터 시대의 언어연구, 21세기북스, 2015.

제3강

현대 언어생활의 특성

(질문 1) 한글이 과학적이라고 생각하십니까? 왜 그렇게 생각하는지요?

(질문 2) 혹시 버스 회수권, 차장, 전보라는 단어를 들어보았나요?

(질문 3) 최근 텔레비전 프로그램 개그콘서트에서 가장 재미있게 여겨졌던 언어유희는?

1. 국어와 한글의 특징

우리가 쓰는 한국어는 어떠한 특징을 가지고 있을까? 다른 언어들과 비교하여 볼 때 우리말에는 유성음이 [ㄴ], [ㄹ], [ㅁ], [ㅇ] 네 개로 적고, 마찰음도 [ㅅ], [ㅆ], [ㅎ] 세 개뿐이다. 또한 우리말에서는 자음이 두음에 겹쳐서 오는 경우가 없기 때문에 서구 언어에서처럼 자음이 겹쳐 나오게 되면 발음할 때 항상 모음을 끼워 넣으려는 경향이 있다. 우리말은 음소문자이다. 우리 한글의 문자는 소리를 나타내는 음소와 대응정도가 매우 강하기 때문에 비교적 배우기 쉬운 언어에 속한다. 영어에서는 a가 car, calm, cat, able, all, sofa, palace처럼 다양하게 발음된다. [i:]는 철자 상으로는 region, keep, teach, niece, key 등에서처럼 매우 다양하게 표기된다. 한 언어의 모든 것을 100% 소리 나는 대로 적을 수 있는 문자는 없다. 어휘상으로는 고유어와 한자어 외래어가 함께 섞여 있으며 의성어와 의태어가 발달했다. 그리고 색채어도 풍부하다. 친족을 표현하는 어휘들이 두드러질 정도로 발달되어 있다. 이것은 우리의 가족 관계가 끈끈하며 또 상황에 따라서 알맞은 어휘를 골라 써야 할 정도로 위계질서를 존중한다는 뜻이기도 한다. 그리고 문법적으로 교착어로서 조사가 많이 발달되었다. 이러한 연유로 어순이 무척 자유롭다. 왜냐하면 조사를 통하여 그 명사가 주어인지 목적어인지를 확연히 보여주기 때문이다. 우리말의 통사론적 구조는 주어 + 보충어 + 동사 구조이다. 이에 반하여 영어는 주어+동사+보충어 구조이다. 이 차이가 다음과 같이 서로 다른 언어구조를 만들어낸다.

SVO : 전치사+명사, 종속접속사+절, 조동사+본동사, 선행사+관계사절
SOV : 명사+후치사, 절+접속사, 본동사+조동사, 관계사절+명사

한글은 글자체계를 뜻한다. 한글 창제 이전에도 우리 선조들은 한자의 음과 뜻을 빌려 우리말을 적은 표기법인 이두와 향찰을 만들어 기록하였다. 집현전 학사들과 함께 우리말을 문자로 쓸 수 있는 한글을 창제하신 세종대왕은 우리 민족에게 말할 수 없는 자긍심과 자부심을 갖게 해주셨다. 한글은 세계 많은 언어학자들로부터, 만든 사람이 분명하게 기록으로 남아있는 점에서 존경의 대상이 되어 왔다. 문자가 과학적으로 만들어졌다는 사실을(ㄱㅋㄲ, ㄷㅌㄸ, ㅅㅈㅉ) 한 가지 예만 보아도 알 수 있다. 각 문자에 획을 하나 그어서 서로 다른 소리를 표기하면서도 같은 자리에서 소리가 난다는 것을 이렇게 명징하게 표현해 주는 문자는 한글 외에는 존재하지 않는다. 된소리의 경우에도 겹치게 씀으로써 되고 강하게 발음함을 보여준다. 모음도 천지인(天地人)의 모습을 따라서 만들었기 때문에 지금 우리가 스마트폰 문자 입력을 쉽게 할 수 있게 되었다.

2 우리말 확장시대/수난시대

우리말은 우리 생각과 감정을 담을 수 있는 큰 그릇이고 한글은 매우 과학적인 제자 원리에 따라 만들어졌음에도 불구하고 현재 우리말은 많은 변화를 겪고 있다. 모든 언어가 변화하는 것은 너무나도 당연하지만 문제는 모든 언중들이 함께 이해하는 방향으로 발전하고 있지 못하다는 점이다. 우선 수많은 외래어의 범람이다. 외국과의 교류를 통하여 살아가야 하는 우리나라에서 외국어나 외래어를 무조건 경시하여서는 아니 된다. 문제는 우리말로 표현할 수 있음에도 불구하고 외래어를 사용한다는 점이다. 외국어와 우리말의 혼합형태, 한자어와 우리말의 복합, 수많은 복합어의 일시적 생성과 소멸 등 많은 변화의 소용돌이 속에 있다. 그렇다고 해서 살아있는 유기체와 같은 언어를 한 방향으로 가게끔 엄격한 국어정책을 수행하는 것도 쉽지 않은 일이다. 프랑스에서도 자국 언어를 지키기 위한 많은 노력들을 하고 있지만, 많은 이민자들의 유입이나 프랑코아메리카 같은 세계화의 물결로 인하여 어려움을 겪고 있다고 한다. 우리 국립국어원에서도 자유롭게 다중의 언어감각을 통합적으로 알아내고 수집하기 위하여 노력하고 있다.

(질문과 과제 4) 국립국어원에서는 어떤 일을 할까요? 홈페이지 주소를 찾아보고 나와 있는 내용을 자세히 읽어보세요.

① 신조어 현상을 살펴보기로 한다. 지금까지 이 세상에 존재하지 않았던 현상들이 생기거나 새로운 제품이 만들어지면서 이를 지칭하기 위한 많은 조어가 만들어지고 있다. 이러한 조어의 형성은 특히 상품의 이름에서 많이 발견할 수 있다. 그리고 일상적으로 사용되던 말들도 점점 더 축약해서 많이 사용된다. 이러한 축약어는 단순하게 단어의 두음을 따서 만들어진 것도 있고 두음과 말음을 합친 것도 있으며 하나의 문장이 명사로 만들어지기도 한다. 혼자 먹는 밥을 지칭하는 혼밥에서 혼술, 혼영, 혼공, 혼피, 혼행까지 만들어지면서 또 어미 -족을 붙인 조어까지도 만들어진다. 합성어를 만들면서 이미 존재하고 있는 어휘에 새로운 의미가 덧붙여진 경우도 있다. 형태소에 특정한 의미를 부여하면서 만들어진 단어들, 영어로 번역된 어휘들의 두음을 따서 다시 우리말화 된 것조차 등장하고 있다. 이러한 조어들 중에는 원어 형태가 분명한 것도 있지만 불확실한 것들도 많이 있다. 개피곤의 경우 개의 피곤한 모습을 보고 만들어진 것인지, 영어 dog-tired에서 따온 것인지, 아니면 우리말의 접두사로 사용되는 개-에서 따온 것인지 불분명하다. 개살구, 개나리에 있는 접두사는 모두 진짜보다는 약간 못한이라는 의미를 지닌다.

(질문 5) 다음 신조어들의 의미를 알고 있습니까?

이사주, 아우성, 버카충, 넘사벽, 개취, 깜놀, 지못미, 뇌섹남, 따아, 안물안궁, 낄끼빠빠, 장미단추, 할빠, 헬리콥터 맘, 티슈인턴, 금턴, 멘붕, 존예, 핵잼, 꿀잼, 노잼, 개피곤, 개빡침, 핵사이다, 있어빌리티, 편퇴족, 가성비, 혼피족, 지공선사, 광군제, 블프, 하태핫태 ....

이렇게 두음만을 따서 새로운 어휘를 만들어낸 경우는 최근에 영어에도 많이 등장하고 있다.

> btw(by the way), brb(be right back), ttyl(talk to you later), lol(laugh out loud), 2day(today) (http://www.abbreviations.com 검색)

완전히 외계어에 가까운 다음과 같은 신조어들도 있다. 재미로 만들어내기도 하고 문자 입력을 줄이려는 의도에서 널리 퍼진 것들도 있다. 펀버누는 휴대전화 번호(phone 번호), 쇠욜은 금(금)을 쇠로 표기하고 요일의 줄임말이 병합된 것이고 냉텅텅은 내용 없음의 의미이고 텅텅 비어 있다는 표현에서 만들어진 것이다. 리터루족은 결혼 후 새 가정을 꾸려 독립했다가 전세난과 육아 문제 등으로 부모님 집으로 다시 돌아가는 사람들을 나타낸다. 캥거루족 생성과 유사하게, 돌아간다는 영어의 return에서부터 생성된 조어이다.

또한 초성만 적은 초성어가 많이 생성되고 있다. 예전에 PC 통신에서 시간을 아끼기 위하여 사용하던 것이 점점 더 확대되고 있다. 스마트폰 대화창에서 주로 사용되지만 개인 간의 손 편지에서도 "우리끼리는 서로 잘 알고 있다"라는 공유의식 속에서 자주 나타난다. ㅉ ㅉ 같은 경우는 쯧쯧의 줄임으로 보면 부정 의미로, 혹은 짝짝의 줄임으로 본다면 긍정 의미로도 사용된다. 다음 질문에 제시된 초성어들을 젊은 여러분들은 조금만 생각하면 알 수 있지만 50대 이상의 장년층에게는 이해하기 어려운 한글 자모로만 생각될 것이다. 또한 여러분들도 문자메시지를 주고 받으면서 나타난 것을 이해할 때보다는 읽기가 쉽지 않을 것이다. 왜냐하면 맥락 속에서 무슨 말이 다음에 나올 지를 예상한 가운데 이런 표기를 마주하게 되면 쉽지만 아무런 맥락없이 이렇게 주어졌을 때는 쉽지 않기 때문이다.

(질문 6) 다음과 같은 초성어들의 원형태를 읽어보세요.

ㅇㅈ, ㅇㄱㄹㅇ, ㅂㄷㅂㄷ, ㄷㄷㄷㄷ , ㅈㄱㄴ, ㄱㅇㄷ, ㄴㄷ ,
ㅇㅇ, ㅅㄱ , ㄴㅇㅈ, ㄹ/리 , ㄱㅅ, ㅈㅅ, ㅈㄱㄴ

② 다른 표기의 일상화가 진행된다. 오타를 변형한 레알, 고나라, 브금, 에바가 그냥 사용된다. 숫자로만 명사표기를 대신하는 경우도 있다. 4989(사고팔고), 8282(빨리빨리), 2424(이사이사)는 오래 전부터도 사용되었지만 최근에는 1958(배우 송일국의 애칭인 '일국오빠'를 숫자로 표현), 5959(오구오구 귀엽다) 까지 텔레비전 프로그램이나 드라마를 통한 전파가 많이 일어나고 있다. 이러한 숫자 발음을 이용한 언어유희에 가까운 예들은 영어에서도 많이 보인다.

(질문 7) 다음을 읽으면서 어떤 철자나 단어 대신 사용되었는지 맞추어 보세요.

gr8, 10Q, 2ez, 4ever, 4ne, 4 u, CU, NU

③ 새로운 어휘의 생성을 통하여 지금까지 없던 새로운 개념을 표현한다. 우리말은 표음문자이기 때문에 수많은 외국어들을 발음 그대로 수용하여 적을 수 있는 장점을 지니고 있다. 이러한 예로서 다음을 들 수 있다. 휘겔리는 덴마크어로서 아늑함, 편안함, 작은 것에도 감사하고 만족하는 마음, 물질에 얽매이지 않고 단순하게 사는 기쁨, 이런 것들이 다 포함된다. (한국교직원 신문 : 2016년 12월 12일, 덴마크 대사 토마스 리만) 피딩족은 경제적으로 여유 있고 financial, 육아를 즐기며 enjoy, 활동적이면서

도 energetic, 자녀에게 헌신적인 devoted, 50-70대 할아버지 할머니들을 일컫는다. 영어 두음을 따서 새로운 피딩족이라는 조어를 만들었다. YOLO (You only live once)에서 만들어진 욜로족은 이제 우리 신문에도 많이 나타난다. 우리가 만든 외국어를 우리말 소리대로 적으면서 우리말화 한 것도 있다. 프린트 베이커리(print bakery)는 서울 옥션의 미술 대중화 브랜드이다.(www.printbakery.com 참조) 기업 내 보이지 않는 여성의 승진장벽을 일컫는 유리천장은 영어를 그대로 옮긴 것이지만 이제는 대부분의 사람들이 이해하는 우리말로 굳어지고 있다. 또 영어의 hidden champion은 그 뜻을 풀이하여 강소기업으로 번역되어 그 의미를 쉽게 이해할 수 있다.

④ 비하어의 생성이 과다하다. 최근에 만들어진 몇 개만 살펴보도록 하자. 한남충, 김치녀, 된장녀, 개저씨, 전라디언, 경상디언, 문죄인, 박그네, ㄹ혜 등이다. 아무리 나와 다른 생각을 가진 사람들이라고 하더라도 이러한 비하어의 사용은 우리 모두를 병들게 하는 조어들이다. 특히 자기와 다른 정치적 견해를 가진 정치인을 비하하기 위하여 이런 말들을 채팅화면에 쏟아내는 일은 반드시 없애야 할 병폐이다. 자기편이라고 생각하는 사람들 사이에는 결속하는 효과를 누릴 수 있겠지만 우리 마음과 정신을 황폐화 시키는 주범이다. 예전에도 비록 영어 줄임말을 사용하여 DJ, YS, JP라고 하였지만 단순한 별칭에 머물렀다. 이처럼 새로운 삶의 모습에 따라서 수많은 신조어가 만들어져서 사용되기 시작한 후 그 용어가 사회의 선택을 받으면 살아남게 되고 그렇지 못하면 몇 년 후에는 사람들의 기억에서 사라지게 된다.

3. 잘못된 언어 사용/언어유희

(질문 8) 다음과 같은 표현에서 잘못된 것을 알아낼 수 있나요?

감기 낳았나요?
커피 나오셨습니다.
저희나라에서는 ....한글의 우수성을 널리 알려야 할 것 같습니다.

단순한 맞춤법 오류도 있겠지만 최근에는 언어의 혼란이 점점 더 심해지고 있는 것 같다. 많은 사람들이 사용하고는 있지만 다시 한 번 생각해 볼 표현들이 많이 있는 것 같다. 먼저 ---같아요의 과다 사용을 지적해야 할 것 같다. 화자가 약간 겸양의 의미로 사용하는 것 같다.(여기서도 ---같다 표현을 의도적으로 사용했습니다.) 그리고 다르다와 틀리다의 혼용 현상을 지적한다. 한자(漢字)가 지니는 의미를 나타내기 위하여 의도적으로 잘못 표기한 경우도 있다.

사람은 모두 틀려요/달라요.
다른 것은 다른 것이고(different), 틀린 것은 틀린(incorrect) 것이다.
대恨민국 (우리 국민들의 한이 이렇게 많은지요?)
제 부인 (夫人: 남의 아내를 높이어 부르는 말, 婦人: 결혼한 여자)

신문 교열기자들이 각 신문에 우리말 바로쓰기를 위한 여러 글들을 싣고 있고 방송국에서도 여러 프로그램을 통해 노력하고 있다.(MBC

우리말나들이 외) 우리 손 안의 요술 방망이인 스마트폰에서 우리말 사전을 활용할 수 있는 시대에 살고 있다. 조금 더 관심을 가지고 올바른 언어생활을 할 수 있도록 모두 노력해야겠다. 외국어의 우리말화 작업도 국립국어원 홈페이지에서 꾸준히 진행되고 있다. 여기 나온 몇 가지 예들만 살펴보기로 한다. 2016년 10월 13일부터 2016년 10월 26일까지 공모 받아서 12월 1일 발표한 것은 영어 ⇒ 우리말로 표기하였다.

> 섬네일 ⇒ 마중그림, 다크 서클 ⇒ 눈그늘, 테이크아웃 ⇒ 포장 구매, 레시피 ⇒ 조리법, 텀블러 ⇒ 통컵, 에어캡 ⇒ 뽁뽁이, 네티즌 ⇒ 누리꾼, 소셜커머스 ⇒ 공동할인구매, group exercise ⇒ 그룹 운동, social dining ⇒ 밥상모임, abusing ⇒ 조회 수 조작, press call ⇒ 언론 시연회, blind cut ⇒ 미공개 장면

우리의 일상 대화 속에서도 언어유희 혹은 말장난이 크게 늘고 있다. 언어유희(言語遊戱, pun)는 말이나 문자를 소재로 하는 유희로서 단순한 말장난으로 끝나는 것이 아니라 구사하는 사람의 재치와 풍부한 어휘력, 언어감각, 인생관을 보여준다. 일상대화에서 유머를 잘 구사할 수 있다는 것은 대화를 부드럽게 풀어나가는 중요한 계기가 되고 상대방에 대한 배려심도 보여준다. 유머와 위트에 대한 감각을 잘 키운 사람들이 성공하는 시대이기도 하다. 수많은 강연들을 통하여 좋은 아이디어를 사회에 내놓으며 멋진 말솜씨로 청중을 웃고 울리게 만들어서 공감의 폭을 넓혀간다. 최근에는 이런 강연이 하나의 문화이자 사업 품목으로까지 발전하여 강연을 중개해 주는 회사도 생겨나고 있다.

(질문 9) 여러분들은 TED 강연, 세바시(세상을 바꾸는 시간 15분) 강연을 스마트폰으로 들어본 적 있습니까? 그리고 있었다면 가장 인상 깊었던 강연은 무슨 내용이었습니까?

(질문 10) 다음 퀴즈를 한 번 풀어봅시다.

냉정은 있는데 열정은 없는 것은
오리는 있는데 거위는 없는 것은?
강변은 있는데 바닷가는 없는 것은?
남성은 있는데 여성은 없는 것은?

(질문 11) 영어로 된 언어유희를 풀어보도록 하자.

Why are barbers such good drivers?
Because they know all the (s__________________).
What did one wall say to the other wall?
Meet you at the (c__________________)

문장을 나누어서 시차를 두고 전달할 수 있는 문자메시지의 특성을 고려한 언어유희의 예로는 다음과 같은 것이 있다.(인터넷 자료) 앞 메시지만 받고는 약간 당황하거나 화를 낼 수도 있지만 바로 뒤따라 오는 메시지를 읽게 되면 순간의 오해를 해소하면서 웃게 된다. 이들은 우리말 화자라면 누구라도 쉽게 바로 이해할 수 있다.

너 죽을 준비해————난 간장을 준비할게
절 좋아하세요?————난 교회가 좋은데
너만을——— 난 양파 (뒤 메시지를 받고 나면 앞 메시지가 마늘을

의미한 것을 알게 된다)
지금은 그냥 친구지만 10년 후엔 이렇게 말하고 싶어. 여보—— 게 친구!!!
내가 세상에서 가장 좋아하는 너—— 구리우동!

한자를 활용하여 동음이의어를 많이 만들 수 있다. 한자의 자소를 분리하여 해자(解字)와 파자(破字)놀이를 할 수도 있었다.

눈에 눈이 들어가니 눈물(淚)이냐 눈물(雪液)이냐
가소(可笑) ⇒ 丁口竹夭, 米 ⇒ 八十八
"대학에 합격하는 꿈"을 다섯 자로 줄이면 ? —— 재수(再修)없는 꿈

한 문장에 나타나는 모든 철자를 새롭게 뒤섞어서 완전히 다른 어휘나 문장으로 바꾸는 Anagram이 있다. 우리말과 영어의 음소 합성 원리가 다르기에 우리말에서 이러한 놀이를 하기가 어렵다.

"William Shakespeare," "I am a weakish speller"
astronomer = moon starer, mother-in-law = woman Hitler
dormitory = dirty room, funeral = real fun, intoxicate = excitation

tongue twisters로 다음과 같은 것들이 있다.

간장 공장 공장장은 김공장장이고 된장공장 공장장은 박공장장이다.

(질문 12) 다음 문장을 해석해 보시오.

If one doctor doctors another doctor, does the doctor

who doctors the doctor doctor the doctor the way the
doctor he is doctoring doctors? Or does he doctor
the doctor the way the doctor who doctors doctors?

그리고 회문(Palindrome)도 언어유희의 일종이다. 단순한 어휘도 있지만 문장을 만들어 내기는 어렵다. 앞에서 읽어도 뒤에서 읽어도 똑같은 단어나 문장이 된다.

eye, madam, level
Madam, I'm Adam
Rise to vote, sir
God lived as a devil dog
Was it a bat I saw?

아무리 잘 배운 영어라고 하더라도 적절하게 사용해야 된다. 다음은 지어낸 이야기인지?

한국 젊은이가 미국을 여행하다가 큰 교통사고를 당했답니다. 모군은 피를 흘리며 쓰러졌고 앰뷸런스 부르고 사람들은 난리 났다더군요. 미국 경찰이 급히 달려와 "How are you?"라고 급히 물었더니.. 모군은 피를 흘리며 힘겹게 대답했더랍니다.
Fine thank you, and you...?".........

다음은 우리의 언어도사, 방랑시인 김삿갓의 뛰어난 언어 순발력을 보여주는 일화이다.

어느 여름날 김삿갓이 한 마을을 지나는데 시골 선비들이 개를 잡아놓고 詩會(시회)를 열고 있었다. 한쪽 귀퉁이에 앉아 술 한 잔을 얻어마시던 김삿갓에게는 시랍시고 지어놓은 시가 같잖게 여겨졌다. 그냥 보고 지나친다면 김삿갓이 아니다. "구상유취로군"하고 내뱉었다. 구상유취라면 口尙乳臭, 입에서 아직 젖내가 난다는 뜻. 유치함을 얕잡아 이르는 말 아닌가. 좌중의 시선이 소리를 낸 꾀죄죄한 행색의 김삿갓에게 꽂혔다. "방금 뭐라고 했소?" 험악한 표정을 한 한 참석자가 금방 쥐어박을 듯이 말했다. 김삿갓이 능청스럽게 받았다. "개 초상에 선비들이 모여 있다(狗喪儒聚)고 한 내 말이 뭐가 잘못됐단 말이오."

중국어로 Coca Cola는 可口可樂, Pepsi Cola는 百事可樂로 표기한다. 비슷한 발음과 좋은 의미의 결합처럼 보인다. 우리도 말을 할 때 발음도 정확하게 구사하고 뜻도 명확하고 긍정적인 느낌을 주는 어휘들을 선택하여 사용합시다.

(질문 13) 有雅羅毒의 뜻은?

읽어보면 재미있고 유익한 책들

천하무적 말벗사전, 좋은 생각, 2012.
노마 히데키: 한글의 탄생, –〈문자〉라는 기적–, 돌베개, 김진아 김기연 박수진 옮김, 2011.
조항범: 그런, 우리 말은 없다. 태학사, 2005.
조항범: 정말 궁금한 우리말 100가지, 예담, 2004
김미경: 대한민국 대표 브랜드 한글, 한글파크, 2013.
김도희 김일수 안장혁 최미현 최중호: 글쓰기와 표현, 도서출판 비움, 2013.

제4강

광고와 광고언어

1. 광고는 무엇인가?

우리는 일상생활에 알게 모르게 수많은 광고와 마주하면서 생활하고 있다. 아침 조간신문에 함께 끼어있는 광고전단지로부터 신문지면에 마주보게 되는 신문광고 그리고 출근 길 지하철 역사에서 그리고 지하철 안에서도 광고 포스터들을 접하게 된다. 길을 가면서 옥외 광고탑과 더불어 라디오와 텔레비전을 통해서도 계속 우리는 광고에 둘러싸여 있다고 해도 과언이 아니다. 그리고 스마트 폰으로 YouTube 동영상을 보면서, 카카오톡 화면을 열면 광고를 보게 된다. YouTube (LD Linguistiks) Sell & Spin 의 A History of Advertising 에서 보면 미국인들은 대개 하루에 3000개 정도의 광고를 접한다고 한다.

(질문과 과제 1) 다음과 같이 만들어 보고 친구들과 서로 비교해 보세요. 그리고 함민복 시인의 광고라는 시를 찾아서 읽고 난 후의 감상을 말해보시오.

광고는 ———————이다. 왜냐하면 ——————————————

광고에 대한 여러 정의가 있지만 네이버 지식백과에서는 한국민족문화대백과사전을 인용하여 다음과 같은 정의를 내리고 있다. "소비대중을 대상으로 하여 상품의 판매나 서비스의 이용 또는 기업이나 단체의 이미지 증진 등을 궁극목표로 이에 필요한 정보를 매체를 통하여 유료 또는 무료로 전달하는 모든 행위"

광고는 현대 소비사회의 꽃이라고 한다. 광고는 광고주들이 특정한 목적을 달성하기 위하여 즉 생산된 상품을 더 많은 소비자들에게 팔려고 하는 목적으로 잘 의도된 메시지를 의도적으로 전달하는 것이다. 기업에서는 개별 상품의 광고뿐만 아니라 기업 이미지 개선을 위한 감성광고를 많이 하고 있다. 소비자들도 수많은 상품에 대한 정보를 다른 사람으로부터 전해 듣기도 하지만 대개의 경우는 광고를 통하여 상품에 대한 소식을 접하게 된다. 소비자들은 새로운 상품에 대한 정확한 정보를 광고를 통해 알게 되면 자신에게 맞는 상품을 구입함으로써 더 좋은 생활을 영위할 수 있게 된다. 그러나 과장된 광고나 허위 광고에 속아서 구입 금액에 비해서 형편없는 제품을 구입하게 되면 자신을 질책하거나 광고매체나 광고주를 비난하기도 한다. 또한 공익광고를 통해서는 더 좋은 공동체를 만들기 위한 수많은 사람들의 노력에 대하여 공감하면서 그 활동에 동참하거나 지지를 보내기도 한다. 공익 광고를 통하여 금연을 하게 하는 캠페인을 지속적으로 전개한다거나 한글 사용을 올바르게 하자는 광고도 하고 있다. 소비사회에서 광고를 접하지 않고 살았으면 좋겠다고 원하지만 광고 없는 세상이 올 것 같지는 않다. 우리나라에서도 YouTube에서 YouTube Red 라는 광고가 나오지 않는 동영상 서비스를 시작했다.

광고는 영화, 드라마, 소설과 함께 그 시대의 사회상을 반영하고 있다. 동시에 최신 소비경향을 바로 보여주는 바로미터의 역할도 한다. 10년 전의 신문 광고와 현재의 광고를 비교해 보면 우리 사회가 어떻게 변화해 왔는지를 살펴볼 수 있다. 최근에 보면 아파트/주택 분양 광고, 병원 광고, 제약회사의 약품 광고, 대기업집단의 광고, 대학교의 입학 관련 광고, 통신회사의 광고, 여행사들의 여행 광고 등을 모든 신문 지면에서 발견할 수 있다.

최근의 광고는 점점 이미지화 되면서 동영상 광고 중심으로 변천해 가고 있다. 그러나 핵심 의미를 전달하기 위해서는 여전히 매력적인 언어표현을 구사한다. 택배회사인 페덱스의 광고 중에는 텍스트가 하나도 나오지 않는 광고도 있다. 아파트의 윗집에서 아랫집으로 물건을 건네주는 모습을 담은 광고이다. 사진 속 아파트의 벽면에는 유럽지도가 그려져 있다. 윗집은 영국, 아랫집은 스페인에 있는 것처럼 느끼게 한다. 페덱스에 부탁하면 먼 나라까지도 물품을 이렇게 이웃집으로 전해주듯이 쉽고 빠르게 보낼 수 있다는 것을 드러낸다. 어떤 텍스트도 눈에 보이는 것 같지 않지만 보내는 물품에는 FeDex라는 로고가 선명하게 드러난다. 이 언어는 인쇄광고에서는 문자로 나타나고 라디오 광고나 텔레비전 광고에서는 소리와 문자 자막의 결합 형태로 나타난다. 문자와 동영상이 잘 결합되면 정보 전달도 더 쉽게 할 수 있고 더 높은 흥미를 유발시킨다.

쏟아지는 광고 속에서 소비자로서 상품의 효용가치를 정확히 판단하기 위해서는 광고언어가 유발하는 여러 구매 욕구 유발의 메커니즘을 정확히 이해할 필요가 있고 또 상품에 대한 정확한 정보를 끄집어 낼 수 있어야 한다. 소비자의 구매를 유도하기 위한 여러 광고 전략 속에 나타나는 언어 사용을 언어학적 관점에서 이해한다면 정확한 판단을 할 수 있고 또 우리가 사용하는 말과 글을 더 효과적으로 구사할 수 있는 능력을 간접적으로 키울 수도 있다. 대중의 관심을 끄는 광고카피를 함께 잘 이해한다는 것은 대중의 일원으로서 사회생활을 잘 할 수 있다는 것을 의미한다. 광고에 나타나는 언어의 모습을 정확히 잘 분석하고 이해할 필요가 있다.

광고란 단어가 만들어내는 합성어를 통하여 광고의 폭넓은 의미 영역을 한 번 살펴보기로 한다.

네이버, 구글, 카카오스토리광고, 카카오톡광고에 검색어로 광고를 입력하였을 때 나오는 것 중 일부를 다음에 제시한다. 이를 몇 개의 범주로 나누어 볼 수 있다. 다음과 같은 범주에 속하는 것은 무엇인가요? 그리고 다른 것들도 몇 개의 범주로 묶어 보세요.

(질문과 과제 2) 표적 소비자, 목적, 매체, 조직, 상품, 방법, 유형 등으로 나누어 분류해 보자.

광고 단어가 앞에 나오는 경우와 뒤에 나오는 경우로 나누어 다음과 같이 제시한다.

광고기구, 광고란, 광고대리업, 광고료, 광고 매체, 광고문, 광고부, 광고세, 광고술, 광고 심리학, 광고업, 광고 우편, 광고주, 광고지, 광고탑, 광고판, 광고 풍선, 광고계획, 광고규제, 광고대행사, 광고매체, 광고목표, 광고예산, 광고윤리, 광고콘셉트, 광고효과, 광고디자인, 광고정보센터, 광고카피, . . .

국내광고, 국제광고, 기업광고, 동영상광고, 디지털옥외광고, 배너광고, 비교광고, 산업광고, 구매시점 광고, 단면광고, 성적소구광고, 실증형 광고, 애플리케이션 내 광고(in-app ads), 상업광고, 공익광고, 오도광고, 온정광고, 유머광고, 이슈광고, 증언식 광고, 표시광고, 네이버 검색광고, 네이버광고, 검색광고, 네이버 키워드광고, 유튜브 광고, POP광고, TV광고, 신문광고, 자동차 광고, 대학교 광고, 신간서적 광고, 병원 광고, 아파트 광고, 금융집단 광고, 여행(사)광고, 영화 광고, 구인광고, 구혼광고, 비타민 광고, 화장품 광고, 정치 광고, 선거 홍보물 광고, 구글광고, 벼룩시장광고, ATL광고. . . .

여러분들이 이미 알고 있는 어휘들이 대부분일 것이다. 마지막 언급된 ATL광고만 설명한다. 이는 Above the Line 두음으로 만든 것으로 텔레비전, 신문, 라디오, 잡지의 4대 전통매체를 통한 대량 살포가 가능한 일방적 광고를 지칭한다. 불특정 다수를 대상으로 하기에 재정이 많이 소요되며 확실한 타깃이 없으므로 제품 표현에 많은 제약이 따른다. 여기에 대응되는 BTL광고는 SNS와 체험 이벤트를 통한 쌍방향 커뮤니케이션을 통한 마케팅을 지칭하며 기발한 아이디어를 통하여 특정 브랜드를 제품 특징과 더불어 공유하는 마케팅 기법이다. 최근에는 이 둘의 장점을 결합한 TTL(Through the Line)광고라는 새로운 용어가 사용되고 있다. 이것은 대량 발행되는 신문 속의 인쇄광고를 통하여 소비자로 하여금 직접 상점을 찾아오게 하고 할인을 해주거나 공짜선물(freebies)을 제공해 주는 것을 말한다.

광고는 그 상품이 무엇인가에 따라서 광고방법과 광고형식 소구하는 방식이 다르다. 예를 들어, 신문에 나오는 여행 광고의 경우 매우 작은 글씨로 구체적 비용과 방문지 등을 자세히 설명하고 있다. 이미 목적지를 정한 소비자들에게는 여행지가 지니는 장점을 이야기하지 않아도 되기 때문이다. 의료 광고에서는 상세한 인체와 의학 정보를 제공해 준다. 병원 광고나 의약품 광고에서는 일반인들이 이해할 수 없는 전문용어를 사용함으로써 자신들이 갖고 있는 우월한 전문지식을 강조하여 소비자들의 신뢰를 구축하려고 한다. 예를 들어, 경막외내시경술, 고주파수핵감압술, 풍선확장술, 꼬리뼈내시경시술, 아테콜 아큐스컬프, 구판, 별갑, 우슬, 홍화 등의 한약재명, 通氣치료, 육미지화원, 팔미원, 두충환 등이 있다.

2. 광고 매체 유형과 특징

인쇄광고에서는 언어 외에도 활자의 형태와 색깔(타이포그래피 참조) 그림 배치 등이 중요하다. 동영상 광고에서는 소리 음향 효과, 텍스트와 동영상의 조화가 중요시 된다.

① 신문광고

신문광고의 특성은 다음과 같다. 신문기사와 마찬가지로 신문 광고를 읽는 사람들은 자세히 내용을 살펴보는 것을 당연하게 여긴다. 따라서 그 신문 주 독자층의 관심을 끌만한 내용이면 자세한 내용 전달이 가능하다. 최근에는 젊은이들이 신문을 잘 구독하지 않기 때문에 50대 이상의 정기 구독자 층이 주요 목표고객인 상품에 대한 광고가 주를 이룬다. 예를 들어 한국교육신문이나 교직원 신문에서는 교육관련 기자재 혹은 미혼 교사를 위한 결혼 중매, 방학 전에 나오는 해외여행광고, 교육대학원 입학에 관한 광고가 게재된다. 그리고 광고제작자 입장에서도 동영상 광고를 만드는 것보다는 비교적 쉽게 제작할 수 있고 신문 유형이 다양하므로 광고주 입장에서는 매체에 대한 선택이 용이할 수 있다. 예산에 맞추어 전면광고나 9단, 5단 광고, 혹은 행광고까지도 다양한 선택이 가능하다. 행광고에는 다른 내용을 제시할 필요가 없거나 이어지는 상담을 통하여 판매가 이루어질 수 있는 땅, 모텔, 전원주택, 신문보급소 직원 구함 내용이 전화번호가 함께 주어진다. 점점 쇠퇴하는 신문광고지만 미국신문협회(NAA)는 신문광고를 해야 하는 이유로 10 가지를 제시하고 있다. 예를 들면, 전체 인구 중 72.6%가 신문을 읽거나 신문사 웹 사이트를 방문한다며 신문 독자 중 68%가 신문을 읽을 때 규칙적으로 광고를 본다고 밝혔다. 2010년 조사 결과 소득이 10만 달러 이상인 성인 가운데 73%가 매주 신문을 읽었으며 대졸자는 80%, 경영 비즈니스 금융업 전문직 종사자 중 70% 이상이 신문을 읽고 있다고 밝혔다. 여러분들은 아직 신문을 읽고 있나요? 아니면 스마트폰을 통하여?

신문을 펼쳤을 때 양쪽 면에 동시에 광고를 하면서 독자의 관심을 끈 숙명여자대학교 광고도 있다. 왼쪽에는 머리에 왕관을 쓴 재학생 사진과 함께 BE THE QUEEN OPEN YOUR WORLD(4행) 영어 문장을 제시하고 본문을 적고 있다. 오른 쪽을 보면 BE THE QUEEN RULE YOUR WORLD(4행) 와 본문이 제시되어 신문을 꼼꼼하게 읽는 독자라면 기억이 재생되도록 반복의 효과를 의도한 것이다.

② 잡지 광고

잡지는 그 잡지를 읽는 특정한 그룹의 관심사에 연관된 광고가 많을 수밖에 없다. 패션잡지, 골프잡지, 여행 레저, 자동차, 낚시, 산과 같은 주제에 따른 광고가 많다. 신동아, 월간조선, 시사저널, 한겨레 21, 이코노미 등은 열성적인 구독자에 대한 분석을 한 후 광고를 게재하게 된다. 표적고객이 한정적이고 긴 수명, 높은 회독률 등이 장점이며 고급 용지를 사용하여 관심을 모을 수 있다. 신동아 2016년 12월 호 잡지에 나온 엠브레인 회사 광고를 보자.

알고 계십니까? (빨간 색 큰 폰트)라는 표제어 아래 "우리나라에서 리서치 프로젝트를 가장 많이 수행하고 있는 회사는 엠브레인 입니다." 아래에는 다른 회사들과의 비교를 통계표를 제시하여 그 신뢰성을 높이려고 하고 있다.

③ 라디오 광고

라디오 광고는 시간대별로 청취자가 다르다. 자가용 출퇴근자의 경우 라디오를 들으면서 운전을 할 수 있다. 동 시간대에 같은 활동을 하면서 듣기 때문에 반복청취를 통한 세뇌 효과가 있다. 다른 일을 병행하면서 듣기에 채널을 돌리지 않고 고정시키는 수가 많다.

(질문과 과제 3) ④ TV 광고, ⑤ 동영상 광고, ⑥ 다른 광고 매체들에 관하여 생각해 보자.

강두필(2014)에 제시된 좋은 광고의 10가지 원칙에 나타난 것을 살펴보도록 하자. Robert Shore의 10 Principles of Good Advertising (2012)의 번역판이다. 목표 소비자를 파악하라, 제품의 특별한 개성을 발견하라, 메시지는 단순하게, 기억하기 쉽게 하라, 헤드라인과 이미지 사이의 공간을 이용하라, 모든 것에서 영감을 얻어 새롭게 만들어라, 미디어의 성격을 파악하여 메시지를 전달하라, 때로는 충격적인 이미지를 사용하라, 규제를 이용하여 기발한 해법을 발견하라, 광고를 지속적으로 노출시켜 친숙함을 만들어라, 모든 규칙과 해결책을 무시하라.

광고효과는 얼마나 많은 소비자를 상품 구매로 이끌었느냐에 의해 결정된다. 그러므로 소비자들의 소비행태에 관한 많은 연구도 동시에 필요하다. 사람은 모든 정보를 바탕으로 가장 합리적이고 이성적인 의사결정을 통해 기대효용을 극대화시키는 대안을 선택한다고 알려져 있지만 동시에 비합리적인 구매 결정도 많기 때문이다. 예를 들면, 무의식 속에서 모방을 좋아하고 과시적 소비를 하며 명품에 약하다. 이제 광고에 사용되는 광고언어를 어떻게 바라보고 이해하며 또 어떻게 수용해야 하는가를 쉽게 살펴보려고 한다.

3. 광고언어의 특성

이제 광고언어란 무엇인가 살펴보도록 하자. 가장 쉬운 정의는 광고와 언어의 합성어로 보고 광고언어란 이러한 광고에 사용되는 모든 언어라고 볼 수 있다. 언어에는 구어체와 문어체가 있다. 광고언어에서도 인쇄광고에 사용되는 문어체가 있고 라디오 광고나 동영상 광고에 나오는 구어체가 있을 수 있다. 그러나 광고언어는 광고매체의 특성에 따라서 자유롭게 변화한다. 종이 인쇄광고에는 정해진 공간이 있으며 전광판의 크기 혹은 방송시간에 따라서 광고문안의 내용은 달라질 수밖에 없다. 또한 라디오와 텔레비전 광고의 경우 정해진 시간 안에 전달할 수 있는 내용은 한정되어 있기 때문에 청취자의 관심을 끌 수 있는 표현을 생각할 수밖에 없다.

광고언어는 소비자에게 자사 제품을 구입해 달라는 설득 과정이고 사용하는 언어를 통하여 그것을 보고 듣게 되는 소비자와 의사소통 하는 것이라고 볼 수 있다. 상대방과 이야기를 잘 나누려면 그 사람에 관해서 잘 알고 있어야 하며 그 사람이 잘 이해할 수 있는 언어를 사용해야 한다. 여러분들은 광고에 나타나는 우리말과 우리글을 듣고 읽으면서 쉽게 이해할 수 있나요? 광고방송을 접하면서 우리말 표현을 멋지게 했구나 하면서 감탄할 때도 있고 혹은 도대체 무슨 말을 하는지 못 알아차리겠다고 하는 경우도 있을 것이다. 최근 공익광고협의회에서 만든 산이의 한글공익광고는 랩의 내용도 이해하기 어렵고 한글과 한국어의 구분도 이상하다. 광고에서는 소비자의 감성이나 이성적 판단을 통하여 구매 심리를 자극해야 하기 때문에 주로 긍정적 의미를 전달하는 어휘들이 광고 품목에 맞추어 많이 사용되게 마련이다.

광고에 자주 사용되는 어휘들은 거의 정해져 있다. 고객에게 도움이나 이익이 된다는 내용을 표현하는 것과 상품의 질이 좋다는 것을 표현하는 것들이다. 그리고 애국심에 호소하는 단어들이 등장한다. 그리고 고객들에게 제품의 우수성을 확신시키기 위하여 단정적 표현을 사용하거나 사용을 권하기 위한 권유문 등이 사용된다. 소비자로부터 공감의 순간을 얻어내기 위하여 모든 광고인과 카피라이터들은 언어와 더불어 그림, 영상 등 온갖 매체를 통하여 노력하고 있다. 그리고 이런 상품 광고 효과를 극대화하기 위하여 여러 언어적 유희를 통하거나 은유, 비교, 풍자, 속담 등의 표현기법을 활용한다. 또한 주의를 끌기 위하여 의도적으로 맞춤법에 어긋나는 수많은 광고카피가 생겨난다. 물론 우리말을 제대로 사용하지 않는다는 비난을 받을 수도 있지만 광고의 존재 이유를 생각한다면 어느 정도는 애교로 받아주어도 될 것이다. 특히 띄어쓰기가 제대로 되지 않는다. 그리고 문장부호가 문장이나 어구의 중간에 있기도 한다. 이런 원인은 지면의 제약 때문이기도 하고 단어의 새로운 개념을 의도적으로 발생시키기 위한 방법이다. 우리글의 장점인 가로쓰기와 세로쓰기를 통하여 의도적인 변화를 주기도 한다. 그리고 상품의 구매자와 소비하는 사람이 다른 경우에는 표현이 달라지기도 한다. 다음 카피에서 일상어이지만 광고언어로 사용되면서 구매를 유발하는 의도를 지닌 어휘들을 찾아보세요.

(질문과 과제 4) 광고에 자주 사용되는 단어들에는 어떤 것이 있는지 신문광고를 약 1주일 동안만 살펴보고 정리해 보세요. 그리고 상품 종류에 따라서 이 단어들이 달라지는지도 생각해 보세요.

우리 쌀로 빚은 우리 제례주
올해도 한결같이 차례상엔 백화수복입니다.
세계 1등 식사대용 뉴트리션 기업 (Herbalife)
희열을 느끼려면 스카이라이프로 이적하라 (KT 스카이라이프)
건강은 건강할 때 지켜드리세요. (아로나민 골드)

광고언어 특성이 두드러지게 나타나는 것을 우리는 광고카피라고 말한다. 그리고 이를 작성하는 전문가를 카피라이터라고 부른다. 이 광고카피의 기본 원칙으로 AIDA가 있다. 영어 attention, interest, desire, action 의 두음을 딴 것으로 고객으로 하여금 이목을 집중하게 하여 관심을 끌고 상품에 대한 구입 욕망을 불러 일으켜 구입에 이르게 하는 것을 요약한 것이다. 이러한 과정에 따라서 광고 문안은 인쇄 광고에서는 헤드라인, 서브헤드라인, 카피 본문, 슬로건, 캐치프레이즈 등으로 나누어 그 역할을 수행하게 된다. 무엇보다도 헤드라인의 중요성이 강조될 수밖에 없다. 주목 받지 못하면 다음 단계로의 전이가 불가능하기 때문이다. 광고 카피 작성에 관하여 천현숙(2010:66)은 다음과 같이 말하고 있다.

"카피는 혀에서 나오는 것이 아니라 가슴에서 나옵니다. 제품에 대한 확고한 믿음과 열정이 좋은 카피를 만듭니다. 따라서 카피라이터는 카피를 쓰기 전에 먼저 자신이 광고하는 제품에 대한 확고한 믿음을 가져야 합니다. 의무감으로서가 아니라 정서적, 감정적으로 깊이 몰입해서 제품을 사랑해야 합니다."

광고카피에 사용되는 언어가 가져야 할 요건을 생각해 보자. 우선 기억하기 쉽게 단순해야 한다. 간결하면서도 리듬감이 있으면 좋을 것이다. 두음이나 말음의 반복 사용을 통해 오래 기억에 남게 해야 한다. 그리고 새로워야 한다. 이를 위해서는 익숙한 단어에 새로운 개념이나 정의를 부여하게 되면 좋다. 또한 메시지의 개인화와 시각화가 요구된다. 상품 유형, 대상 소비자의 특성, 광고매체, 광고기간 등 여러 요인에 따라서 이러한 카피도 변하게 된다. 주로 소비자에게 긍정적인 감정을 느끼게 하는 표현, 애국심을 유발하는 표현, 언어유희 같은 카피를 통하여 재미있으면서 오래 여운이 남는 표현을 찾아야 한다.

지금까지 우리에게 아직도 귀에 익은 광고 카피를 한 번 살펴보도록 한다. ① 광고가 나간 후에 초등학교 시험문제에서 어린 학생들이 침대는 가구가 아니라는 답을 했다고 해서 장안의 화제가 되기도 하였다. 일반 상식을 뛰어넘는 표현을 통하여 과학적으로 만들어진 가구라는 점을 강조하였다. ②에 관해서 이만재님은 "이 광고 카피가 뛰어난 것은 분명한 컨셉트에도 불구하고 설득 논리에 과장이 없기 때문이다. 진솔한 생활 언어만으로도 설정된 도입부 '여름이 좋은 건 어딘가에 시원함이 있기 때문이다'가 이 텔레비젼 광고의 백미라 할 수 있다. 과장 없는 진솔함이야말로 브랜드에 대한 소비자 호감과 신뢰의 지름길이다"라고 언급하고 있다. (광고언어의 힘, 팜플렛 5쪽) ③ 광고를 보고 많은 중년 남성들이 자신의 고향집 노부모님을 생각하고 효도를 다시 한 번 생각했다고 한다. ④는 대구매일신문에 난 광고이다. 이 광고를 통하여 많은 사람들이 생활이 어려운 주변 이웃을 다시 돌아보고 기부금 내는 일에 동참하였다고 한다. ⑤에 대하여 정철님은 "말장난 같은 이 카피를 나는 아주, 몹시, 대단히 훌륭한 카피라 생각한다. 불과 다섯 글자 속에 브랜드 네임과 그 브랜드가 무슨 일을 하는지 눌러 담아 명쾌하게 전달한다. 슬며시 미소 짓게 하는 힘도 있다. 확장성 또한 무궁무진하다"고 칭찬한다.

① 침대는 가구가 아닙니다. 과학입니다. (에이스 침대)
② 여름이 좋은 건 어딘가에 시원함이 있기 때문이다. ....(LG전자 휘센 광고)
③ 여보, 아버님 집에 보일러 놓아드려야겠어요. (경동 보일러)
④ 이 신문은 오늘 밤 누군가의 이불이 됩니다. (이제석)
⑤ 결혼해듀오

(질문과 과제 5) 여러분의 기억에 남아 있는 카피는 무엇인가요? 5개 더 생각하세요.

이러한 광고카피는 여러 기준으로 분류할 수 있지만 허남일(2014)에 제시된 유형과 그 광고 예들을 다음에 제시한다. 여러분이 제시한 광고카피들을 이 유형에 맞추어 분류해 봅시다.

비교형: 인터넷 최저가 판매
증언형: 30년 동안 3대 물림 향토음식점
명령형: 박물관을 열어라
휴먼형: 또 하나의 가족
감성형: 마침내 영화 같은 사랑이 시작된다
유머형: 돼지와 낙지가 손을 잡았어요
위협형: 대한민국 남성 다섯 명 중 한명이 암입니다.

광고 관련 서적

★ 전공서

안광호 이유재 유창조: 광고관리, 제 3판, 학현사, 2014.

최호규: 광고와 카피, 도서출판 신정, 2009.

★ 재미있게 읽을 책

한화철: 아주 우아한 거짓말의 세계, –광고의 눈으로 세상읽기–, 문이당 2014.

이창봉: 시장에서 성공하려면 이런 카피를 써라, 이음앤커뮤니케이션, 2013.

제5강

광고언어 연구 역사

(질문과 과제 1) 여러분의 집안 내력에 관하여 부모님이나 조부모님으로부터 자주 들으셨습니까?

(질문과 과제 2) 도서관 컴퓨터를 이용하여 여러 학술 데이터베이스에 접속하여 필요한 정보를 찾아본 적이 있습니까? "광고언어"를 입력하여 출력되는 것들을 간단히 살펴보세요.

광고언어에 대한 관심은 국립 국어연구원에서 펴내는 새국어생활 여름호가 (1992: 2-2호) 특집으로 "광고와 언어"를 펴내면서 비롯되었다. 신인섭님의 "우리나라 광고 언어의 변천사"를 비롯한 7편의 논문이 실려 있다. (http://www.korean.go.kr/nkview/nklife/1992_2.htm)

이후 광고학을 전공한 분들 외에도 국어학, 영어학, 독어학, 불어학을 전공한 분들이나 경영학 혹은 디자인학을 공부한 많은 분들이 이 분야에 관심을 갖고 자신의 학문 배경에 따라서 많은 연구결과물을 내놓고 있다. 간단하게 이러한 결과물들을 시대 순으로 살펴보자.

이현우(1998)는 광고언어에 대한 내용을 언어학적 연구 분야에 잘 맞추어 기술한 책이다. 1장에서 광고를 커뮤니케이션 관점에서 정의하고 2장에서는 발음과 관련된 광고언어 카피들을 예시로 들면서 설명하고 있다. 3장은 통사론적 관점에서 분석하면서 문법파괴 모습을 우리에게 알려준다. 4장에서는 여러 수사법과 은유 문제를, 5장에서는 화용론적 입장에서 여러 표현 특성을 분석한다. 6장에서는 광고와 그림의 관계와 서체 문제를 다루고 있다. 쉽게 읽을 수 있으면서도 읽고 나면 광고언어의 여러 모습을 찾아보게 하는 흡인력을 지니고 있는 책이다.

박영준 외(2003) 책은 광고언어에 대한 다양한 관점들을 보여주는 논문들을 모은 책으로 광고언어가 음성학이나 음운론, 어휘론, 의미론, 통사론, 화용론 등 언어학의 제반 하위분야 속에서 연구 자료로서, 또 연구대상으로서 충분히 기여할 수 있음을 보여주는 책이다. 학생들이 읽기에는 조금 벅찬 책이다.

정동규 역 (2003) 독일의 광고와 언어는 Sowinski의 Werbung(1998)을 번역한 책이다. 2장에서는 광고 역사를 3장에서는 광고의 적용범위를 다룬다. 4장에서는 광고에 대한 경제학, 심리학, 기호학, 언어학, 언어교수법적 접근을 다룬다. 5장에서는 의사소통으로서의 광고를 기술하고 6장에서는 광고의 기본원칙으로서 이목집중의 원칙, 독창성의 원칙, 정보성의 원칙을 제시한다. 7장에서는 상품위주의 전략, 발신자 위주 전략, 수신자 위주 전략으로 나누고 있고 8장이 광고와 언어에 대한 장으로서 광고언어가 특수어인가 일반어인가를 논의한다. 인쇄광고의 텍스트 구조, 광고에서의 어휘를 다룬다. 9장에서는 광고에서의 그림, 10장에서는 인쇄광고와 방송광고의 실제 분석을 시도하고 있다. 독일의 언어학계에서 다루어진 광고를 분석적이면서 총체적으로 이해하려는 시도이다. 매우 알차게 기술된 책이지만 독일어를 모르는 한국 학생들이 읽기에는 조금 어려운 부분들이 있다.

박영준, 김정우, 안병섭, 송민규(2006) 공저의 광고언어론, - 언어학의 눈으로 본 광고 - 는 광고언어에 대한 포괄적이고도 다양한 관점에서 쓰인 방대한 책이다. 이 책은 12장으로 구성되어 있으며 총론에 해당하는 1-3장은 광고언어의 개념, 시대적 변화, 언어외적 요소와의 관계들을 다루면서 광고언어에 대한 개괄적 이해를 돕는다. 4-5장은 광고라는 측면에서 바라본 광고언어를 설명하고 있다. 광고매체, 광고 유형에 따른 언어사용의 차이를 다룬다. 6-8장은 언어학의 관점에서 바라본 광고언어이다. 9-10장은 설득을 위한 다양한 표현전략들을 언어사용을 통하여 살펴본다. 11장-12장은 광고언어에 영향을 미치는 사회언어학적인 외적 요인들을 살펴본다. 각 장은 정리하기, 연습문제, 더 읽을거리, 관련 사이트를 제시함으로써 광고언어를 다룬, 우리나라에서 발행된 최초의 종합 교과서라고 생각한다.

이재원(2008)의 광고로 읽는 언어학은 언어학적 개념을 광고언어에 나타나는 여러 언어현상을 통해 쉽게 교수하고자 하는 목적으로 쓰인 책이다. 저자의 다방면에 걸친 자료 분석과 언어학적 내용을 자세하게 설명해주는 방식이 눈에 들어온다. 광고의 중요성과 어원 문제를 언급한 후 커뮤니케이션 이론, 음성, 음운론, 직시와 중의성 등 의미론의 제 이론들, 화용론의 제 이론인 대화분석이론과 텍스트 언어학, 통신언어와 이모티콘의 세계까지 많은 주제들을 많은 각주와 탐구할 문제를 함께 제시함으로써 언어학의 깊은 이론에까지 독자들을 안내하고 있다.

김정우(2015) 광고언어는 카피라이터로 활동한 저자의 경험을 살리면서도 간단명료한 기술로 광고언어의 핵심요소들을 뽑아내어 독자들에게 광고언어에 관심을 갖게 하는 길잡이 책이다.

그리고 광고언어 연구의 한 분야만을 집중적으로 논의한 책으로는 다음과 같은 책이 있다. 연구자가 늘어나면서 연구 주제와 관심 분야가 세분화 되고 있음을 보여준다.

서은아(2003)은 "신문광고와 언어"를 통해서 신문광고에 나타난 광고카피들의 음운과 어절수, 문장유형 등을 통계자료를 통하여 실증적으로 보여준다. 김은정(2016)의 "은유로서의 정력과 질병"은 잡지 조광에 나타난 약품광고를 분석 대상으로 삼아 약품 광고 목록을 만들고 그 의미를 자세히 논의하고 사회적 함의를 설명하는 책이다. 세미오시스 연구총서 2권으로 출판되었다.

그리고 수많은 연구논문들이 계속 발표되고 있다. 광고학 분야에서 연구 뿐 아니라 국어학, 독어학, 영어학, 불어학 전공자들이 각 언어로 된 광고언어를 분석하기도 하고 이를 우리말 광고언어와 비교하는 연구들도 나오고 있다. 뒤의 참고문헌에 제시된 것을 읽어보기만 해도 이 분야의 연구가 매우 활발하게 다양한 방식으로 진행되고 있음을 확인할 수 있다. 2010년 1학기 광고와 언어에 대한 공개강의로 한국외국어대학교 이재원, 박진권 교수님의 수업내용을 살펴볼 수 있다. (http://www.kocw.net) 이 강좌는 다양한 광고언어의 유형을 소개하면서 실제적인 문화와의 관련을 살펴보는 것이 목표이다. 국립한글박물관에서는 2016년 7월 28일부터 11월 27일까지 광고언어의 힘 이라는 기획특별전이 개최되었다. 전시회 팸플릿에 나오는 글을 그대로 인용한다.

"오늘날 우리는 현란한 광고의 홍수 속에 휩쓸려 살고 있다. '당신은 오늘 하루를 쉰 것이 아니라 광고를 보았다'라는 말처럼 광고는 다양한 매체를 통해 일상 속에 파고들어, 마음을 사로잡아 선택으로 이끈다. 제품과 기업의 정보를 효과적으로 전달하기 위해 광고는 언어와 시각의 두 가지 방법을 사용한다. 광고의 언어는 '소리' 와 '글자'

그리고 그 내용을 표현한 '글자 디자인'으로 이루어진다. 이들이 효과적으로 이루어질 때 광고는 최고의 '말멋'과 '글멋'으로 우리의 마음을 사로잡는다.

이번 전시는 광고 언어의 주요 특징인 '말'과'글'을 다양한 관점에서 보여준다. 1부 '광고를 읽는 새로운 시각, 광고 언어'에서는 우리나라 최초의 광고부터 1945년 이전의 지면 광고까지 광고 언어의 발달 과정을 볼 수 있다. 2부 '광고 언어의 말맛'은 광고 글쓰기의 이모저모와 카피라이터들이 추천하는 광고를 만날 수 있다. 3부 '광고 언어의 글멋'은 1950년부터 현재까지 제품 광고의 언어 사용과 글자 표현이 어떻게 변화했는지를 보여 준다. 4부 '광고 언어, 우리들의 자화상'은 광고를 통해 우리 삶의 중심인 가족의 모습이 어떻게 변화했는지 그 시대상을 담았다. 시대별 다양한 광고 언어를 통해, 세상의 광고를 변화시키는 힘은 바로 당신이라는 것을 확인하는 자리가 되길 바란다."

최근에는 개인의 블로그나 카카오톡에서 만든 전자출판 형식의 brunch에서도 광고에 대한 일반인의 생각들을 볼 수 있다. 취미로 글을 쓰시는 분들도 있지만 광고업계에서 종사하시는 분들의 글에서는 전문가의 혜안이 보이고 매우 비판적인 글도 살펴볼 수 있다.

(질문과 과제 3) 광고 관련 블로그 혹은 brunch에 있는 글 중 흥미를 유발하는 글을 읽고 그 내용을 소개해 보십시오.

지금까지 우리는 현재 언어생활의 특성을 살펴보고 언어학의 제반 이론이 무엇을 연구하는지 간단하게 언급하였다. 이를 디딤돌로 하여 다음 장에서부터는 광고카피에 나타나는 표현들 속에 숨어있는 언어학적 내용을 살펴본다. 카피는 우리에게 익숙한 어휘의 소리와 의미를 통하여 색다른 느낌을 갖게 하려는 여러 기법들을 혼용하여 사용한다. 우리가 앞에서 소리의 분절을 이야기 하였듯이 다양하게 섞여 있는 광고 표현의 요소들 중에서 언어학의 하위 분야 구분에 따라서 알맞은 것들을 몇 개씩 소개한다. 언어에 대한 흥미와 관심이 언어학에 대한 이해의 단초로 작용하듯이 광고표현을 통해서 언어사용의 묘미를 인식시키고자 다음과 같이 탐구여행을 떠나보기로 한다.

제6강

음성학과 광고언어

광고에서 단순히 소리 특성만을 가지고 카피를 만들어내는 경우는 드물다. 그러나 라디오 광고에서는 이러한 소리의 유사성만을 활용하는 광고가 만들어진다. 그리고 인쇄광고에서도 독자들이 읽으면서 소리를 인식하기 때문에 가끔 사용되고 있다. 우선 소리의 반복을 통하여 소비자에게 익숙하게 다가가는 모습을 먼저 살펴보기로 한다. 익숙하게 되면 편해지게 되고 그 상품에 대하여 우호적인 생각을 갖게 된다. 이러한 친근감은 바로 그 상품에 대한 인지도를 상승시켜 구매에 이르게 하기 때문이다. 어린이 동요와 시엠 송에 많이 나오는 반복법을 생각해보자. 부를수록 친근감이 생기고 자꾸 부르고 싶은 생각이 들게 된다.

> 산토끼 토끼야 어디로 가느냐 깡총 깡총 뛰면서 어디로 가느냐
> 달 달 무슨 달 쟁반같이 둥근 달 어디 어디 떴나 남산 위에 떴지
> 리리리자로 끝나는 말은 개나리 .... 유리 항아리
> 손이 가요, 손이 가. 새우깡에 손이 가요. 어른 손, 아이 손, 자꾸만 손이 가, 언제든지 새우깡, 어디서나 새우깡, 누구든지 즐겨요, 농심 새우깡.

그리고 동음이의어들을 통하여 청취자들에게 "이건 뭐지?"하는 생각을 심어준다. 소리 전체가 같은 것도 있고 일부만 같은 것도 있다. ① 은 파트라 의자 광고이다. 남, 여 두 명이 서로 대화하면서 "앉고 싶다"와 "안고 싶다"소리가 동일하기 때문에 오해를 하게 되는 상황을 보여준다. 이 광고는 라디오 광고에서만 확인할 수 있었다. ②는 우리말의 유사 발음 현상을 활용한 카피이다. ③에서는 고구마와 맛있구나의 병합형이다. 이 카피 옆에는 달달하고 깔끔한 고구마 맛이라는 표현과 고구마 사진이 있기 때문에 이해를 도와준다. ④는 동

사 "풀리다"의 의미 다양성을 카피에 활용한 것이다. 이는 버거킹의 통새우와퍼에서 사용된 통새우와 세우다의 관계처럼 우리말에 많이 있는, 동사의 다양한 의미 결합을 보여준다. ⑤ 제품명의 일부인 무르벤과 그 약품이 치료하는 부위인 무릎엔을 연상시키기 위하여 발음이 같음을 활용하고 있다. 신문광고이지만 읽으면서 발음을 연상하게 한다. ⑥은 조기라는 표현과 동음이의어인 조기의 그림을 통하여 연상하게 한다. ⑦은 철자는 다르지만 같은 발음을 활용한 것이다.

① (여) 앉고 싶다
(남) 여기서 어떻게 ? 좀 그런데.. . . .
(여) 앉고 싶다니까. (파트라 의자)
② 귀 밑에 붙이는 멀미약, 키미테 (키미테, 명문제약 2002)
③ 맛있구마 (롯데제과 2003)
④ 풀려라 5천만, 풀려라 피로 (박카스, 동아제약)
⑤ 무르벤 美 골드
시큰시큰 쑤시는 무릎
세상살이 찌들고 지친 몸에
무르벤 美가 딱이다. (무르벤, 참옻들)
⑥ 관절염은 조기진단으로 조기치료가 중요합니다.
조기묶음(사진) (한양류마디병원, 부산 지하철 3호선 광고)
⑦ 대방건설 소산신도시의 가장 앞! 안산생활권이 바로 앞!
이것이 대방노블랜드 브랜드타운만의 앞도적 차이

두음이 같은 예들에는 다음이 있다. ①에서는 약의 성분명인 케토프로펜의 앞을 따오고 뒤는 통증이 끝난다는 것을 암시하는 스톱(stop)의 톱을 결합하여 만든 것으로 보인다. ②에서는 우리말 기본과 기회의 두음이 같음을 활용한 것이다. ③에서는 우리말 부사인 "더"

를 계속 반복함으로써 앞으로 회사는 무엇이든지 지금보다 더 (많이 혜택을 주겠다/노력하겠다/잘하겠다) 등의 의미를 소비자 스스로 생각하게 한다. 그리고 말음 "게"를 반복하여 기억 속에 남게 한다. ④에서는 한화생명을 빨리 읽으면 하나와 유사하게 들리는 것을 활용하면서 회사가 고객에게 꼭 하나만큼은 약속한다는 것을 전한다. ⑤는 보드카 Absolut 제조회사의 광고이다. 1978년 앱솔루트 제조회사인 스웨덴의 빈 앤 스프리트 사가 미국 진출시 TBWA와 광고대행 계약을 체결하였다. 이 후 광고사는 "앱솔루트의 절대성" 컨셉을 표현하기 위하여 앱솔루트 병이 광고의 주인공인 된 그림을 보이면서 항상 "Absolut X"라는 두 단어로 구성된 카피를 사용한다. 시대를 관통하면서 계속 동일한 브랜드와 이미지를 고객들에게 각인시킨다. ⑥은 삼성 노트북을 항상 어느 때나 함께 가지고 다녀라 하는 의미를 영어 all을 반복하게 함으로써 두음을 활용한 것이다.

① 캐내십시오! 케토톱 (명문제약)

② 기본으로
기회를 만듭니다 (중앙대학교)

③ 더 건강하게
더 행복하게
더 평온하게
더 완벽하게 (BC 카드)

④ 한화생명의 70년
멈추지 않는 생각 하나 (한화생명)

⑤ Absolut heaven, Absolut passion Absolut L. A.
Absolut New Orleans

⑥ All day
All night
Always (삼성의 노트북 9 Always)

말음이 반복되는 예를 살펴보기로 한다. ①은 유한양행의 고함량 비타민 B 제품 메가트루 포커스 광고로 한국광고홍보학회가 2016년 올해의 광고대상으로 선정한 것이다. 바둑을 두는데 가장 중요한 요소인 집중력을 지닌 최고의 기사 이세돌 이미지를 활용하면서 "력"을 말음 반복한 것이다. ②는 쌍용자동차의 코란드 C 광고에 나온 것이다. 우리말 부사의 접미사인 "게"를 활용하여 제품의 특성을 표현한 것이다. ③은 경기도 교육청 광고로 다른 글자체로 강조하고 있다. ④는 SK Telecom의 광고로 말음이 동일한 "연결, 해결"을 주황색으로 표기하여 주의를 끌고 있다. 그리고 회사의 서비스를 연결하게 되면 모든 일이 해결됨을 암시한다. ⑤에서는 어린 시절부터 숨바꼭질하면서 익숙해진 "꼭꼭 숨어라 머리카락 보인다"를 패러디한 경우이다. ⑥에서는 "너지"와 "될까요"의 반복 중첩이다. ⑦은 서울우유의 어린이용 앙팡치즈 광고이다. 노래로 만들어서 즐겁게 따라 부를 수 있게 만들었다. 마지막 부분에서는 갈까요로 끝냄으로써 말음을 동일하게 하여 기억을 오래 유지하게 만들었다. ⑧은 아파트 광고로서 쉬운 영어로 모두 --ve(브)로 끝나는 것들을 통하여 읽어보는 소비자로 하여금 위브라는 발음에 동조하게 만들어 기억을 자연스럽게 유도한다. ⑨는 롯데제과의 초콜릿 광고이다. 여기서는 제품명인 가나를 계속 기억시키기 위하여 누구일까요를 누구일가나로 의도적으로 잘못 표기하고 있다. ⑩에서는 우리가 회상하면서 혼잣말 할 때 사용하는 "--더라"를 통하여 제품 "기억력 365"와 관련된 어휘들을 반복 사용하면서 말음을 활용하고 있다.

① 집중력이 실력 (메가트루 포커스, 유한양행)

② 더 강렬하게! 더 멋지게! 더 SUV답게! (코란드 C, 쌍용자동차)

③ 학생들을 숨쉬게 하자
대한민국이 꿈꾸게 하자 (경기도 교육청)

④ 연결(주황색)
그것은
해결(주황색) (SK Telecom)

⑤ 꼭꼭 감아라
머리카락 빠질라_ (TS 샴푸)

⑥ 에너지가 될까요?
시너지가 될까요?
에너지를 만들지 시너지를 만들지는
결국, 우리 손에 달렸습니다. (한국지역난방공사의 공익광고)

⑦ 우리집에서도 까요까요
놀이터에서도 까요까요
간식 먹을 때도 까요까요
. . . . . . (중략)
이제 까요까요와
함께 갈까요 (앙팡치즈, 서울우유)

⑧ We have, we love, we live, we save, we solve (두산 위브)

⑨ 가나초클릿만큼 부드러운 실루엣을 가진 그!
새로운 모델 누구일가나? (가나 초콜릿, 롯데제과)

⑩ 누구더라? 뭐더라? 어디더라?
서서히 잃어버리는 기억력 (기억력 365, 한미메디케어)

언어는 기표와 기의의 결합이라고 앞에서 언급하였듯이 다음은 소리는 유사하면서 새로운 뜻도 함께 전달하는 광고언어의 예들이다. ①은 우리말에서 [에, 애] 발음을 꼭 구분하여 발성하지 않아도 앞과 뒤에 나오는 연결어들을 통하여 [에, 애]인지 알아차릴 수 있기에 활용한 것이다. 한자 愛는 그래도 널리 사용되는 한자이기 때문에 읽으면서 좋아한다, 사랑하다, 즐겨 마신다의 생각을 이끌어내게 된다. ②에서는 한자 胃, 爲가 모두 위 발음이라는 것을 활용하여 우리의 내장 장기인 위에 좋다는 의미를 전달하고 있다. ③ 신의 한 手라는 표현은 원래 바둑에서 나온 표현이다. 그 수와 물을 뜻하는 水 발음이 동일하다는 것을 활용한 표현이다. ④에서는 기업의 두문자를 起, 氣, 企, 基 로 각기 달리 표기하면서도 그 한자 의미를 생각하게 하고 모두 기업이라는 발음을 통하여 기업은행 이라는 기억을 계속 주입시킨다. 그리고 영어 up의 개념적 의미인 위로 향하다를 통하여 전진, 희망, 완전함을 공통적으로 표현하고 있다. ⑤에서는 영어 go와 우리말의 고 발음이 유사한 것을 활용하고 있다. 광고에서 영어 go는 앞으로의 전진 이라는 의미를 전달한다.

① 산사춘愛 빠졌다. (배상면 주가)
② 속쓰림 없는 세상을 胃하여 (爲)
③ 파격적인 가격!
최초 선택한 무선전원 방식
최초 선택한 포드형 수소수생성기
더 수소수/신의한水 (솔고 수소수 생성기)
④ 起UP! 일어나라, 국민경제!
氣UP! 힘내라, 대한민국!
企UP! 웃어라, 중소기업!
基UP! 기업의 터전, 기업은행! (기업은행)
⑤ 2017년에는
미루지 말 GO
선취업후진학 하GO
성공으로 가GO (국립 한국방송통신대학교 프라임칼리지)

발음 유사성의 강도는 약하지만 이를 통하여 관심과 호기심을 불러일으켜 광고효과를 더 높여주는 예들도 있다. ①은 회사명인 듀오를 그대로 사용하면서 결혼해주오와의 비슷함을 통해 기억을 유도하면서 영어의 dual, duet에 나타나는 둘, 즉 신랑과 신부를 상기하게 하는 복합적인 구조를 가진 표현이다. 정철님은 이 카피를 매우 칭찬하였음을 앞에 언급하였다. 실제 광고에서는 광고에 대한 신뢰감을 높이기 위하여 기준일자 성혼커플 수를 보여주고 있다. ②에서는 강력추천(强力推薦)의 줄임말인 강추를 사용하면서 앞에 있는 가을을 의미하는 秋를 통하여 이전의 표현과 호응하고 있다. ③에서는 영화에서 나온 "뭐가 중한디"를 유사한 발음인 머리털을 의미하는 모(毛)를 사용함으로써 대중들에게 익숙한 관용적 표현을 통해 쉽게 다가가면서 머리털이 중요하다는 것을 강조하고 있다. ④는 신한은행에서 만든 광고이다. 판귄은 신한카드 FAN의 새로운 캐릭터로 디지털 바다의 길을 개척해나가는 First Penguin 상징으로서 펭귄의 발음 유사성을 드러내고자 시도한 것이다. ⑤에서는 서로 대비되는 음소의 교체를 통하여 유사한 발음인 듯 서로 다른 의미를 표현한다. 즉 보채다와 보태다의 발음 유사성을 활용하면서 중간 자동차 그림에 "효도하는 아이가 타고 있어요" 카피를 통하여 보채다 ⇒ 보태다로 전이됨을 보여준다. ⑥은 서로 순서를 바꾸어 읽어도 뜻이 통하는 실현과 현실을 대비한 카피이다. ⑦은 시공교육에서 만든 아이스크림 홈런 교육이다. i-scream이라는 초등학교 선생님들이 많이 활용하는 교육용 프로그램은 어린이들이 좋아하는 아이스크림과 연상된다. 야구에서 homerun과 집에서 학습하는 것을 의미하는 home learn 이 유사한 발음인 것을 활용한 광고이다. ⑧에서는 우리말 어미 "지"와 제품에 있는 영어 G 의 발음 유사성을 활용한 것이다. 그리고 세상을 다

가진 G부터는 "지"가 단순한 조사에서부터 고유명사 의미로 넘어가는 것을 인지시키면서 제품이 완전하다는 것을 은연 중에 강조한다. 이러한 활용은 최근 많이 사용되는 두드림(Do Dream)과 같은 유형이다. 두드린다는 것은 어떤 새로운 것을 시도하는 것을 의미한다. 그리고 영어를 병기함으로써 꿈을 꾸라는 의미와 결합되어 사용된다. 따라서 새로운 활로를 찾아보는 청소년들의 모임이나 새로운 직장생활을 꿈꾸는 젊은이를 위한 강연회장 등에서 많이 사용되고 있다. ⑨는 발음의 유사성을 만들기 위하여 의도적으로 틀린 표기를 하였다. 또한 읽는 사람들로 하여금 무엇이 다 되었을까 생각하게 함으로써 소화제임을 상기시킨다. 이 과정에서 영어 단어 digest까지도 떠올리게 된다. ⑩은 가발업체의 카피이다. 2017년 올해가 닭띠 해인것을 보이기 위해서 닭 그림을 옆에 두고 닭의 울음소리 꼬끼오의 말음인 오와 발음이 유사한 모를 한자어로 표기함으로써 머리털이라는 의미까지 결합해서 만든 것이다.

① 결혼해 듀오 (결혼정보회사 듀오)
② 바람부는 가을엔 하이모를 강秋
③ 올 가을엔 毛가 중헌디! (하이모 가발업체)
④ 판권은 신한카드 FAN의 새로운 캐릭터로 디지털 바다의 길을
개척해나가는
First Penguin 상징
신한카드 FAN 판
이번 연말에도 신^나게 한 판! (신한카드)
⑤ 차만 타면 보채는 아이에서
차만 타면 보태는 아이로 (현대 자동차)
⑥ 꿈을 꾸면 현실이 된다. 도전을 하면 실현이 된다. (한화)

⑦ 아이스크림 (i scream과 ice cream)
홈런 (home-learn과 homerun) (시공교육)
⑧ 넌 모르G, 처음이G, 이 얼마나 더 놀라운G, 더 환상인G, 더 뛰어난G, 더 또렷한G, 더 즐거운G, 더 함께한G, 더 행복한G, 세상을 다 가진 G, 무엇보다 더 놀라운 G (LG Optimus G Pro)
⑨ 다제스로 다됐스! (한림제약 다제스)
⑩ 꼬끼毛 (하이모)

발음을 비틀면서 소비자의 관심을 이끈 광고로는 김보성의 비락 식혜 의리 발음 광고가 있다. 배우가 가지고 있는 가장 강력한 이미지인 의리를 통하여 젊은이들에게 의리의 중요성을 확실하게 각인시켰지만 우리말 발음 교육에도 지대한 영향을 끼쳤다. (한국경제신문, 2016년 6월 4일 기사 참조)

탄산도 카페인도 색소도 없다.
우리몸에 대한 의리는 있다.
항아으리, 신토부으리, 회오으리, 아메으리카노, 으리음료, 마무으리

언어기호가 갖는 조합성과 상징성을 통하여 재미 유발을 가장 잘 보여주는 광고 중 하나가 신세계 쇼핑몰인 SSG 광고이다. 우리말의 자음과 모음이 결합하여 음절을 이룬다는 사실에 착안하여 수용자들이 여러 의미를 상상하게끔 한 것이다. ㅅㅅㄱ SSG는 "신세계"의 두음인 자음만을 표기한 것이다. 모음을 생각해서 끼워보면 쓱, 싹 같은 의태어로 물건 구입 시 은연 중 연상하게 되는 행위를 지칭하는 모습이 그려질 수 있다. 이것은 개콘의 신랑입장 꼭지에서 나온 것처럼 주소록에 ㅅㅂㄴ 이라고 적힌 이름은 상황에 따라서 서방님이 될 수도 있지만

다른 표현 (???)이 될 수도 있는 것과 동일하다. 기발한 광고로 14회 서울영상광고제에서 그랑프리를 수상하였다. (http://www.tvcf.co.kr) 빙그레의 바나나맛 우유 광고에서도 모음만을 딴 ㅏ ㅏ ㅏ 만을 제시하고 소비자로 하여금 자음을 채워서 많은 표현을 만들어내게 유도하였다.

여 : 영어 좀 하죠? 이거 읽어봐요
남 : 쓱
자막 : 쓱 ㅅㅅㄱ SSG
여 : 잘 하네
남 : SSG닷컴
여 : 아 추워, 코트하나 쓱 해야 겠어요
남 : 하는 김에 김치도 쓱 해요
여: 맘에 쓱들어
남: 백화점에서 이마트까지 SSG.COM
자막 : 신세계적쇼핑포털 SSG.COM

영어에서 나타나는 각운과 두운을 간단하게 언급하면 다음과 같다.

KitchenAid. For the way it's made (KitchenAid 냉장고)
Performax protects to the max. (Pennzoll motor oil)
A tradition of trust (Merrill Lynch brokerage)
The best in the business (AT&T telecommunication)

더 읽어볼 자료

이선구: 동음현상을 활용한 광고언어 연구. –1997년부터 2004년까지의 인쇄광고 카피를 중심으로 –. 연세대학교 언론홍보대학원 석사학위 논문. 2004.

제7강

형태론, 조어론과 광고언어

(질문과 과제 1) 우리가 알고 있는 재벌기업들의 이름이 어떻게 만들어졌는지 한 번 알아 봅시다.

(질문과 과제 2) 우리나라 대한민국의 영자표기는 The Republic of Korea 입니다. Korea는 서양세계에 우리의 존재가 알려지기 시작한 고려에서 비롯되었다고 합니다. 그러면 끝의 a는 무엇일까요? 다른 나라 이름 가운데에서 —a로 끝나는 나라 이름들을 한 번 적어 보세요.

여러분이 이미 잘 알고 있는 시인 김춘수님의 시 "꽃"에는 "내가 그의 이름을 불러 주었을 때 그는 나에게로 와서 꽃이 되었다"는 멋들어진 표현이 있다. 우리는 친구를 안다고 할 때 친구 이름을 제일 먼저 떠올리게 된다. "너 김철수 아니?" 이렇게 물어보지 "너 머리 길고 안경 쓴 우리 반 다섯 번째 줄에 앉는 애 아니?"이런 질문은 하지 않는다. 이름을 통하여 바로 가리키고자 하는 대상을 쉽게 지칭할 수 있다. 또 우리 주민등록증에는 사진이 있다. 그런데 꼭 얼굴 사진이어야만 한다. 왜 그 사람의 손이나 발 혹은 머리를 찍어서 올리지 않고 얼굴사진을 올릴까요? 그것은 바로 다른 사람들과 나를 제일 잘 구별해 주는 것이 바로 얼굴이기 때문이다. 즉 인간의 변별자질은 이름과 얼굴이라고 볼 수 있다.

우리의 이름 역할을 하는 것이 제품명 혹은 브랜드명이다. 광고가 새로운 상품을 널리 소비자에게 알리는 것이 주된 과업이라면 소비자들에게 상품을 어떤 이름으로 알리느냐 하는 것이 광고의 첫걸음이다. 우리가 상품 이름을 알지 못하고 그 상품을 구입하려면 얼마나 번거롭고 힘든 일일까? 새로운 상품이 나왔다는 것을 알리기 위해서는 지금까지 한 번도 들어보지 못한 상품명을 제시해야 하기 때문에 멋진 이름이면서 기억되기 쉬운 이름, 상품 특성을 잘 나타낼 수 있는 이름을 만들기 위하여 많은 고심을 한다. 상품명에 많은 외국어나 외래어가 들어가게 되는 것은 바로 이러한 낯설음을 만들어내기 위함이다. 한편으로는 이미 익숙한 이름을 활용하여 이름을 짓기도 한다. 새우깡이라는 제품으로부터 감자깡, 양파깡이 만들어졌다. 초코파이에서부터 애플파이, 빅파이 등이 만들어진다. 막대 아이스크림을 지칭하게 된 ___바라는 상품명으로는 돼지바, 누가바, 바밤바, 수박바, 스크류바, 보석바, 쌍쌍바 등이 있다. 이런 조어들에 있어서는 앞에 오는 표현들이 뒤에 오는 표현을 수식하기 때문에 의미차이를 갖게 해주는 것은 바로 앞에 오는 규정어들이다.

아파트의 이름에도 새로운 브랜드를 달고서 회사보다는 이 브랜드명에 더 많은 광고를 하고 있다. 삼성 래미안(來美安)은 처음에는 이게 무슨 뜻인가 하지만 한자로 된 이름의 뜻을 알게 되면 앞으로 다가올 멋지고 안전한 집이라는 것을 기억하게 된다. 그리고 대림의 e편한 세상은 인터넷 시설이 잘 갖추어진 편리한 문화생활을 즐길 수 있는 집이라는 이미지를 확고하게 만들었다. 대우의 푸르지오 아파트도 푸르다의 색상 이미지를 나타내는 푸르와 geography 의 geo 결합으로 우리말 푸르죠의 의미도 함께 생각나게 만들었다. 고영환(2007)님의 "대한민국 아파트 브랜드 전쟁" 책 속에는 64개 브랜드에 대한 이야기가 실려있다.

반伴 려侶 애愛 수水 라는 브랜드는 반려동물들의 피부, 염증, 탈모 치료제이다. 국내 첫 "반려동물 음용수"로 농림식품부 인증을 받았다고 광고하고 있으며 표를 통하여 실험 결과를 제시하고 체험 후기 등을 싣고 있다. 여러분들은 이 광고의 브랜드가 제품특성을 확실하게 보여준다고 생각하시는지요?

광고언어 중에서 브랜드 이름과 패러디 광고에서는 새로운 조어가 자주 등장한다. 이러한 광고에 사용되는 단어들에 대해서는 이기동 송민규는 광고언어의 생성 단계 -단어를 중심으로- (우리어문연구 25집 7- 33)에서 일상어가 광고언어로 사용되는 과정을 네 단계로 설정하고 있다. 즉 생산, 선택, 가공, 배치이다. 브랜드 이름이 사회에 널리 퍼지게 되면 하나의 고유명사에서 보통명사로 전환 되면서 일상적으로 사용되기 시작한다. 유명한 예로는 바바리코트가 있다. 영국 버버리사가 그냥 코트를 가리키는 말로 변한 것이다. 그리고 복사기 제조회사인 제록스, 지철기 회사인 호치키스가 이제는 일반명사처럼 사용된다. 정경일(2013)은 브랜드 네임의 특성으로 식별성, 구별성, 지시성, 함의성, 지속성을 갖는다고 하였다. 브랜드에 대한 소비자의 관심은 많은 짝퉁 상품들이 생겨나게 하였다.

브랜드명을 뛰어넘어 기업 전체 이미지를 집중적으로 알리는 광고에는 베네통 광고가 있다. 베네통 광고는 신선하면서도 쇼킹한 주제를 다루면서 인지도를 높여간 것으로 유명하다. 올리비에 토스카니(Oliviero Toscani)를 예술감독으로 영입하여 “All the Colors in the World”라는 주제 하에 캠페인성 광고사진을 찍어 공개하였다. 그리고 “United Colors of Benetton”이라는 일관된 문구를 사용하여 제품 뒤에 숨어 있는 기업 이미지를 알리려는 노력을 계속하고 있다.

“브랜드가 많으면 각각의 브랜드에 광고 예산을 충분히 쓸 수 없으니까 개별 상품에 세계적인 광고를 할 수가 없어요. 그래서 제가 취한 방법은 단일 브랜드의 광고가 아니라 기업 전체를 알리는 광고를 하는 것이었습니다." (베네통과 시세이도 젊음에게 말한다. 생각의 나무 2003) 이러한 브랜드에 대한 관심은 신문사들의 광고전략과 맞물려서 많은 브랜드 관련 수상제도를 만들었다. 예를 들면, 매일경제신문은 "2016년 소비자 선정 스타브랜드 대상"을 통해 35개 기업의 39개 브랜드를 선정하였다.

(질문과 과제 3) 여러분은 다음 기업명과 브랜드명 중에서 어느 것이 더 익숙한가요?

파리그라상 – 파리바게트
미디어윌 네트웍스 – 알바천국
이베이코리아 – 옥션
인디에프 – 조이너스

회사명에서도 우리는 그 기업의 이념이나 추구하는 방향을 알아낼 수 있다. 휴롬(Hurom)주식회사는 인간을 뜻하는 human과 이로움의 합성어이다. 인간에게 이로움을 가져다 준다는 회사이념을 이렇게 회사명으로 만든 것이다. 이롬 황성주 생식도 우리 몸에 이롭다는 의미를 내포한다. 최근에는 우리가 살고 있는 동네나 마을 이름에도 가치를 불어넣기 위하여 브랜드화 작업이 시작되고 있다. 그리고 이제는 각 개인들도 자신의 이름만을 지니는 것이 아니라 개인을 다른 사람들과 가장 잘 구별하여 두드러지게 해주는 브랜드를 가지려고 노력하고 있다. 한겨레 신문 토요판에 연재된 정재승의 영혼 공작소 시

리즈에서 신경경제학의 탄생 "우리는 왜 설현의 손짓과 송중기의 눈빛에 무너지나" 읽어보도록 하자.

더 읽어볼 책

정경일: 브랜드 네이밍, 커뮤니케이션북스, 2014.
최원주: 브랜드 커뮤니케이션, 커뮤니케이션북스, 2014.
인터브랜드: Best Global Brands, 2012, 윤영호(옮김):우리는 어떤 의미를 입고 먹고 마시는가, 세종서적, 2013.
고영환: 대한민국 아파트 브랜드 전쟁, 유미커뮤니케이션(주), 2007.
Jean Aitchison : Words in the Mind, 홍우평(역) 언어와 마음, -심상 어휘집의 모든 것, 진샘미디어, 2015.

제8강

통사론과 광고언어

앞서 언급하였듯이 통사론은 문장 구성 요소들이 어떻게 선형적으로 배열되어 올바른 문장을 만들 수 있는지를 연구한다. 우리 한국어의 문장 구성은 주로 주어 + ... +동사 구조이다.

서양어의 모든 문장에는 반드시 주어가 나타난다. 그러나 우리말에서는 주어가 자주 생략된다. 우리 광고표제어에서도 많은 생략 현상이 나타난다. 이러한 생략을 통하여 광고는 읽는 독자와 소비자에게 중요한 정보만을 전달하려는 의도도 있고 동시에 무엇이 빠진듯한 느낌을 통하여 이미 알고 있거나 광고 그림으로부터 연상되는 것을 생각하게 하는 효과도 누릴려고 한다. 주어, 목적어, 동사가 생략된다. 주어를 생략한 것을 보면 그 주어는 광고주, 독자(청자 혹은 소비자), 혹은 광고상품이 된다. 광고에서 동사를 생략하고 명사구만 있는 경우에는 생략된 동사의미는 주로 구입하십시오, 필요합니다, 좋습니다. 사용해 보십시오 등이다. 읽는 독자가 이미 광고라는 것을 알고 있기 때문에 이러한 생략이 가능한 것이다. 명사화 과정을 거치면 격조사가 생략된다. 조사가 없어도 우리는 그 명사구가 주어인지 목적어인지 바로 알아차릴 수 있는 언어능력을 지니고 있다. 또한 명사화를 통하여 이미 존재하는 것, 익숙한 것이라는 이미지를 갖게끔 한다. 예를 들어, 1986년 출시된 신라면 광고를 살펴보자. "신라면이 사나이를 울린다"는 명제에서 명사화를 거쳐 "사나이 울리는 신라면"이 된다. 앞 문장에서는 신라면이 새로운 정보이고 사나이가 구(舊)정보이다. 명사화 과정을 거치면서 사나이가 신정보가 되고 신라면은 구정보가 된다. 소비자에게 이미 이것이 익숙하게 된 것같은 느낌을 갖게 한다.

이제 주어 목적어 동사가 생략된 카피들을 차례로 제시한다. ①에서는 주어가 생략되었다. 소비자로 하여금 내용의 주인공이 되도록 유도한다. 그 다음 문장은 주어인 상품명이 생략되었으며 동사 "있겠습니다"가 생략됨으로써 더 강력한 의지를 표명한다. ②에서는 목적격 조사 "을"과 동사 "누리십시오"가 생략되었다. ③에서는 격조사 "는"이 생략되었다. 명사구만 제시함으로써 독자로 하여금 하나의 개념으로 독립적으로 생각해보게 하는 여지를 남긴다.

① 오늘의 책은, 산책
아껴둔 책을 읽듯이
천천히 숲길을 걸어본다 (주어 생략)
당신의 푸르른 순간, 그 곁에 함께 (주어와 술어 생략) (갤럭시 S7 edge)

② 세상의 모든 순간이 더욱 행복해지도록
커피라는 행복 (목적격 조사와 동사 생략)

③ 인류가 누리고 있는 IT 디바이스의 새로운 변화 (격조사 생략) (Maxim, 동서식품)
보이지 않는 곳에서 끝없이 진화하는
대한민국의 반도체 기술이 있기 때문입니다.

그리고 강조하는 부분만 앞으로 보내는 주제화 규칙이 적용된 카피를 찾아보자. 동사가 문장 끝에 나온다는 규칙만 준수하면 주어가 아닌 다른 문장 구성 요소가 앞에 나올 수 있다. 광고 문안 ①에서는 목적어를 앞으로 내면서 주제화한 것이고 ②에서는 부사를 앞으로 옮겨온 예들이다.

① 누구나 글을 쉽게 배울 수 있는 세상
훈민정음이 열었습니다.
누구나 영어우등생이 될 수 있는 세상
윤선생 뇌과학 스마트학습법이 열었습니다. (영어교육명문학교를 표방하는 윤선생)

② 빠르게
간편하게
안전하게
퀵 〈 휙 (IBK 휙서비스)

국어 문장은 대개 서술문(평서문, 감탄문), 의문문, 명령문, 청유문으로 나눌 수 있다. 또한 표제어는 문장 형태와 문장이 줄어든 명사구의 형태로 나눌 수 있다. 상품의 속성과 주 소비자층, 소구방법 등 많은 요인들을 고려하여 선택된다. 서은아(2003:66)에 의하면 헤드라인은 문장인 종결형이 54.4%이고 비종결형이 45.6%이다 종결형이 많은 것은 청자에 대한 높임과 격식의 표현을 통해 수신자에게 예의를 갖추기 위함이다. 즉 광고가 공손함을 통해 우호적인 느낌을 구하려고 하기 때문이다. 종결형 중에서는 서술문이 앞도적이고 그 다음으로 의문문, 명령문, 청유문 감탄문 순으로 나타난다.(82쪽 참조) 특히 의문문의 경우는 이미 답이 정해져 있는 것을 다시 확인하는 차원에서 그리고 소비자로 하여금 광고의 대화 공간으로 들어오게 하는 효과를 얻으려는 것이다. 자주 등장하는 대비되는 요소의 병치나 대비 문장의 연속은 간단한 비교나 비유를 통하여 다른 제품보다 비교 우위에 있다는 것을 전하기 위한 것이다.

(서술문) 우리나라 책벌레들이 멸종위기에 처했습니다. (공익광고협의회)
(권유 명령형) 너의 젊음을 고대에 걸어라! 고대는 너에게 세계를 걸겠다.
(의문문) 에너지가 될까요? 시너지가 될까요? (한국지역난방공사의
공익광고)
(감탄문) 비교할 수 없을 거야! 화사하고 촉촉하게 완벽해진 피부
(New 비비쿠션, 라네즈)
(명령문) 건강하게만 자라라 (중외제약)

광고의 본문부 텍스트의 문장 유형은 우리가 일반적으로 사용하는 문장 구성 방법과 크게 다르지 않다. 왜냐하면 제품 사용방법을 설명하거나 다른 제품과 상세한 비교를 할 때, 혹은 성분을 제시하는 것들은 다른 무엇보다 평서문을 주로 사용하기 때문이다. 이러한 평서문에서는 격식체, 비격식체, 높임말, 반말 등이 광고모델의 성별과 연령층, 이성적인 호소인가 감성적인 호소인가에 따라서 달리 사용된다. 비종결형 표현에서도 아래 예와 같은 대비를 통하여 전달 의도를 간단하면서도 명료하게 표현한다.

(대비) 그냥 커피는 머무르게 하고 T. O. P. 는 움직이게 한다. (맥심)
(과장) 하늘 아래 최고의 아파트
(대비) 경력이 멈춰도
노후준비는 멈추지 않게
경력 단절자 추후납부 확대
소득이 부족해도
노후행복은 부족함이 없게
두루누리 연금보험료 지원사업
일자리를 잃어도
노후희망은 잃지 않게
실업 크레딧 제도 (국민연금공단)

제9강

의미론과 광고언어

(질문과 과제 1) 노동 개혁, 노동시장 구조 개선 두 표현을 들었을 때 어떤 차이가 느껴집니까?

(질문과 과제 2) 여러분의 이름은 어떤 의미를 담고 있는지 이야기 해보세요. 우리나라 온천지역의 명칭과 주소 안에는 따뜻함과 관련되는 어떤 표현들이 있을까요?

삼행시 짓기가 한동안 유행하였다. 이름을 가지고 삼행시를 짓는 경우 다음과 같은 삼행시는 누구 이름에도 활용될 수 있다.

정문용은 제 주민등록 이름입니다.
문용은 친구들이 부르는 제 이름입니다.
용아는 엄마가 부르는 제 이름입니다.

한 사물을 지칭하는 표현은 상황에 따라 여러 가지로 나타난다. 우리는 에베레스트(Everest)라고 부르지만, 네팔에서는 Sagarmata(세계 어머니의 여신 의미), 티베트에서는 Chomolangma(대지의 여신 의미) 로 부른다. 아래 카피는 바로 이것을 그대로 활용한 것이다. 그리고 명사는 바로 대상을 지칭하기도 하지만 (denotation) 동시에 연상되는 connotation 의미를 지니고 있다. 샛별은 금성이기도 하고 새벽별(morning star)이기도 하고 저녁별(evening star)이기도 하며 개밥바라기별이기도 하다. 같은 사건이나 사태를 두고도 서로 다른 관점에서 달리 부르기도 한다. 이 이름 속에서 바로 내용이 감지되기 때문이고 그것을 대하는 사람들의 심리상태가 드러나기 때문이다.

아무도 이 사람을 '시골 구멍가게 둘째딸로 기억하지 않습니다.
우리는 이 사람을 '영국병을 고친 철의 여인 대처'로 기억합니다.
아무도 이 사람을 '국민학교 중퇴자'로 기억하지 않습니다.
우리는 이 사람을 '발명왕 에디슨'으로 기억합니다. (삼성)

다의어라고 하더라도 문맥 속에서는 한 가지 의미로 정해진다. 그러나 광고에서는 이런 다의어의 특징을 많이 활용하려고 한다. 왜냐하면 광고에서는 익숙한 듯하면서 익숙하지 않은 것 즉 색다른 것을 제시해야만 대중의 관심을 끌 수 있기 때문이다. 최근 최순실 국정농단 사태에서 승마용 말이 대중의 관심을 받게된 후에 메디톡스라는 글로벌 바이오제약회사에서 낸 광고에서는 "진짜는 말이 필요 없다" 카피를 전하면서 "말이" 들어갈 자리에 말 사진을 크게 넣어 두었다.

의미론에서 중요하게 언급한 중의적 표현은 광고에서도 많이 나타난다. 지금까지 언급한 것 외에도 다음과 같이 서로 다른 한자로 표기됨으로써 중의성을 지니게 되는 예들을 먼저 살펴보자. 다른 많은 예들을 여러분 스스로 찾아보도록 하자. ①은 대홍기획에서 제작한 면세점 광고에 나오는 카피이다. 서울, 부산, 제주를 다니면서 분위기에 알맞은 시를 한 편씩 올리는 광고이다. 일반적으로 여행을 시작(始作)하다는 표현을 많이 한다. 한자로 표기하면서 의미가 변화한다. 여행하면서 여행 분위기에 맞는 시(詩)를 한 편이라도 써본다는 것은 많은 사람들이 꿈꾸면서도 실제 행하지는 않는 것이다. 이를 통하여 이 광고에 대하여 공감하게 된다. ②의 공익광고 카피에서 차선(車線, 次善)은 한자어를 통하여 두 의미로 구분된다. ③은 사색의 서로 다른 한자어를 활용한 것이고 ④는 숙명여자대학교를 뜻하면서 동시에 필생의 할 일이라는 숙명을 뜻한다.

① 여행을 詩作하다. (롯데 면세점 광고)

② 사람이 우선!
자동차는 차선 (교통안전공단)

③ 미스김! 그 안에서 사색(思索)에 빠져있는 동안 밖에서 기다리는
나는 사색(死色)이 돼가고 있는 거 알아? (서울우유 칸 요구르트)

④ 나의 숙명이
세상을 바꾸라 말한다.

광고언어 활용이 가장 많은 것은 앞에서도 다룬 동음이의어이다. 광고표현의 숙명이 이런 동음이의어를 많이 사용하게 만든다. 이 과정에서 새로운 조어도 많이 생성된다. ①에서는 자동차를 세우다는 정차하다의 의미와 자존심을 세우다의 의미 차이를 새우라는 매개체를 통하여 연결짓고 있다. ②는 교육부의 프라임 사업에 선정된 부산의 4개 대학이 함께 낸 전면광고로 사학으로 표기하지 않았다. 사학으로 표현할 경우 私學이라는 의미로 해석될 수도 있기 때문이다. 모두 사립대학교이지만 여기서는 네 대학만이 선정되었다는 의미와 최근 화두가 되고 있는 4차 산업혁명을 선도한다는 것을 강조하기 위하여 四로 표기한 것이다. ③에서는 촬영 개시 순간을 알려주는 "큐"를 통하여 잠들게 하는 신호와 같은 기능을 갖는 약을 표현해준다. ④에서는 영어 단어 up이 갖는 위로 성장하다, 발전하다 완벽하게 이르다는 의미를 함의한다. ⑤에서는 오천만 국민의 모든 일이 술술 잘 풀리는 것을 박카스 제조회사인 동아제약이 기원하면서 사람들이 가지고 있는 피로를 박카스를 마심으로써 해소시킬 수 있다는 것을 연결하고 있다. 또한 광고에서 차에 기름을 채우는 상황에서 주유원에게 "자네도 좀 채워"하면서 박카스를 권하는 것은 박카스가 자동차의 기름처럼 주유원에게 움직이게 하는 동력 혹은 힘을 건네

주는 것이다. ⑥에서는 먹는 죽(粥)을 기억하기 쉽게 하기 위하여 매우 좋다는 의미를 지닌 속어인 죽인다 를 연상하게끔 표현한 것이다. ⑦에서는 바퀴벌레와 유사하게 발음되는 "바키"와 죽이는 사람의 영어 표현인 킬러를 결합시켜 바킬라를 만든 것이다. ⑧은 부사 "가장"과 명사 "가장"의 반복을 통하여 아버지의 꿈과 사랑을 보여준다. 수능 후 고등학교 교실에서 학생들에게 죽기전에 꼭 해보고 싶은 꿈을 적게 하고 앞으로 1년만 살 수 있다면 꿈을 이루는 것과 5억원 중에서 어떤 것을 선택할 지 물어본다. 학생들은 학교 운동장에 농사짓기, 만수르와 결혼하기 등의 꿈을 적는다. 이 후 영상에서는 학생들의 아버지들이 등장하여 솔직한 생각을 전달한다. 꿈은 가족들과 더 많은 시간을 보내는 것이고 5억원을 받아서 자식들의 장래에 보탬이 되고자 한다. 영상을 보면서 학생들은 아버지의 무한한 사랑, 가족에 대한 봉사와 헌신의 마음을 느끼게 된다. 우리말과 한자어의 반복, 영어 단어 발음과 우리말이 같은 유형 등 여러 응용 가능성이 무궁무진하다.

① 세워, 세우라고, 세우라니까, ...
새우의 자존심을 세우다. (통새우와퍼, 버거킹)

② 동명대학교 동의대학교 신라대학교 인제대학교
4차 산업 혁명을 선도하는 프라임 사업–
4학 동맹+

③ 하루도 잠잠한
밤이 없다 ?
매일 밤 수면이 걱정될 때, 슬립 큐 (슬립큐)

④ 창up (중소기업청 창업 진흥원 K〈Startup 광고)

⑤ 어이 자네, 자네도 좀 채워
풀려라 오천만

풀려라 피로 (박카스, 동아제약)

⑥ 남: 죽이네?

오~ 죽이네

음~ 죽이 이렇게 맛있어?

자막: 신선한 재료를 통째로 새송이 쇠고기죽 단팥죽 단호박죽 참치죽

남: 이렇게 맛있으면 반칙이지

여NA: 오죽 맛있으면 오뚜기죽

남: 어우 10개는 더 먹겠네

⑦ 바퀴벌레 최후의 만찬 (바킬라, 동아제약)

⑧ 자신의 꿈보다 가족을

가장 먼저

가장 많이 생각하는

가장이라는 이름의 아버지 (푸르덴셜 생명)

그리고 다음과 같이 반의어를 사용하여 서로 대비 혹은 비교하는 의미를 전달한다. 걱정-기대, 불안-안심, 안-밖과 같은 반의어를 사용함으로써 서로 대비되는 생각을 통하여 상품에 대한 구매를 호소한다.

① 걱정보다 기대가

불안보다 안심이 커지는 세상

보험이 꿈꾸는 세상입니다. (삼성 생명)

② 안으로 건강함을 채우고 밖으로는 아름다움을 완성하다.

(아모레퍼시픽, 바이탈뷰티 메타크린)

③ 안에서, 반도체 기술에 집중했다.

밖에서, 반도체강국 대한민국을 만들었다. (SK 하이닉스)

④ 아로나민 골드를 드신 날과 드시지 않은 날을 비교해 보세요.(일동제약)

양웅(2013)님은 고독, 기쁨, 불안, 정직, 휴식, 신선, 성공, 실수, 완벽, 욕망, 도전, 착각, 황당, 추억, 격려, 고향, 허영, 용기, 침묵, 확신, 선택, 보호, 혁신, 변화, 위로, 실패, 재미의 28개의 키워드를 가지고 현 시대 광고를 분석하고 있다. 광고 키워드는 바로 우리 모든 사람들이 겪어가면서 되새김질하는 인생의 키워드이기도 하다. 동시대인들의 감성을 공유함으로써 광고 효과를 높이려면 이러한 추상적인 개념으로부터 실제적인 광고문구를 생각할 수 있을 것이다.

광고에서 은유도 많이 사용된다. 서로 다른 개념 영역을 서로 빗대어 유사성을 강조하는 것이다. "인생은 여행이다"라는 은유를 통하여 두 개념이 갖고 있는 공통점을 드러낸다. Lakoff & Johnson의 "Metaphors We live By"의 번역본인 "삶으로서의 은유"를 읽어보기를 권한다. 단순한 문학적 수사라고 생각했던 은유가 우리 사고와 행위에 깊숙하게 투영되었음을 알 수 있다.

I'm feeling up. [HAPPY IS UP]
I'm feeling down. [SAD IS DOWN]

(질문과 과제 3) 유한킴벌리의 다음 카피를 분석하고 설명해 보세요.

나무가 뭐야?
나무는 꽃들의 할아버지
.....
나무는 이산화탄소를 흡수하는 탄소통조림

제10강

화용론과 광고언어

화용론은 언어 사용자와 언어의 관계를 살피는 것이다. 문장 "나는 오늘 10시에 출근한다."에서 나는 말하는 사람을 가리키지만 누가 이 말을 하느냐에 따라서 그 화자는 정문용이 될 수도 있고 여러분 중 누군가가 될 수도 있다. 그리고 오늘 10시도 2017년 4월 10일 10시 일 수도 있고 2018년 9월 9일 10시가 될 수도 있다. 그래서 이런 언어표현들을 화시소(deixis)라고 한다. 이런 화시소에는 인칭화시소, 장소화시소, 시간화시소가 있다. 먼저 인칭화시소를 살펴보자. 광고에서 주로 활용되는 것은 인칭화시소이다. 특히 우리말 당신과 우리는 자주 나타난다. 당신 속에는 청자를 소중하게 여기는 마음이 우러나며 우리라는 표현을 통해 우리 민족 공동체의 민족 의식을 드러낸다. 이들 모두 광고를 읽는 독자들이나 청취자를 한꺼번에 묶어주는 기능을 한다. 최근 미국 텍사스 대학교 심리학과 교수인 제임스 페니베이커가 쓴 The Secret Life of Pronouns;What Our Words Say About Us (단어의 사생활, 김아영 옮김)의 주장에 의하면 우리 모두는 단어 속에 자신의 흔적을 남긴다. 기능어, 인칭대명사, 지시대명사, 조사 같은 기능어들이 중요하다라고 이야기 한다. 이 책이 주는 교훈은 결국 우리가 일상에서 주고받는 대화뿐 아니라 이메일, 메신저, 문자메시지 등에서도 상대방이 의도한 감정적 단서를 읽어야 한다는 것이다.

①에서 당신은 2인칭 존칭어로서 소비자를 공경하며 각 개인을 위로하거나 칭찬하며 바로 옆에서 듣는 것 같은 기분이 들게 한다. ②에서는 당신이 바로 이 광고를 보는 청취자가 될 수도 있고 청취자가 함께 커피를 마시고 싶은 제 3자가 될 수도 있다. ③에서는 우리 표현을 통하여 한가족이라는 점을 강조하면서 회사명과 소비자를 한 가족처럼 동일시하게 만들어서 이왕이면 자사 제품을 사용하게 만

든다. ④, ⑤에서도 소비자에게 이익이 됨을 강조한다.

① 너무 애쓰지 마세요.
당신은 이미 멋진 사람입니다! (고코로야 진노스케 저 "힘 빼고 행복")
② 이 세상 가장 향기로운 커피는 당신과 마시는 커피입니다 (동서식품 맥심)
③ 우리 장인 어른 중절모
우리 장모님 구두
우리 처제 핸드백
우리 색시 속옷
나보다 우리를 더 생각하는 당신을 위해
당신이 우리카드의 주인입니다.
마음으로 쓰는 카드
우리카드
우리니까 (우리카드(이병헌 출연))
④ We make your dream come true.
⑤ Be healthy, change your diet today! Stop worrying about your study.

전제는 특히 정치광고 언어에서 많이 나타난다. 다음과 같은 지난 대선에서 나왔던 것만 간단히 제시한다. 이번 2017년 대선에는 어떤 카피가 나올지 궁금하다.

국민 여러분, 행복하십니까?
(전제) 국민은 행복하지 않다
크든 작든 상처없이 살아가는 사람은 없습니다.
(전제) 후보도 사람이니까 당연히 상처가 있다는 것을 전제한다.

Grice의 협동 이론 내용을 앞에서 이미 언급하였다. 권혁렬 (2014:7)에서는 함축적 광고메시지의 의미구조 분석을 통하여 분석한 광고 대부분은 협력원리의 양의 결률과 질의 격률에 어긋난다는 것을 밝혔다. 이는 의도적 위배를 통해 함축의미를 소비자들 스스로 추론하게 하려는 의도로 보았다. 그리고 관계의 격률과 태도의 격률은 광고에서 모두 부합하는 것으로 확인하였다. 그리고 전경함축보다는 배경함축을 통하여 슬로건의 의미를 전달한다고 주장한다. 이는 모두 광고의 속성에 따른 결과라고 생각한다. 제품의 특성 가운데에서 가장 소비자에게 호소할 수 있는 하나만을 강조하면서 소비자에게 스스로의 판단에 따른 일정 책임을 전가하기 위한 것으로 보인다.

제11강

광고언어 활용

1. 패러디 광고

최근 패러디란 말이 많이 사용되고 있다. 패러디는 기존에 존재하던 것으로부터 장면이나 인물성격 혹은 줄거리 등을 그대로 모방하여 새로운 이야기를 만들어내는 것을 뜻한다. "내가 이럴려고 대통령 했나"라는 대통령의 한 마디가 일반 대중들의 관심을 모으고 수많은 패러디를 양산하게 만들었다. 자신이 지금 하고 있는 일에 만족하든 만족하지 못하든, 모두 자신이 하는 일에 불만이나 회의를 가졌던 한 순간들이 있었기 때문이다. 이 표현 속에 회사원, 교수, 선생, 부장, ... 어떤 직업명을 넣어도 두루 통할 수 있는 것은 우리 인간이 살아가는 모습이 결국에는 모두 비슷하기 때문이다. 패러디 광고는 보면 바로 알 수 있다. 왜냐하면 이미 알고 있는 익숙한 것으로부터 만들어진 것이기 때문에 예전에 본 기억이 그대로 남아 있는 한 알아차리는데 힘이 들지 않기 때문이다. 패러디 광고를 하는 상품들은 대개 큰 망설임 없이 쉽게 구매하게 되는 상품들이다. 원전 텍스트로는 영화나 텔레비젼 프로그램, 이전의 광고 혹은 널리 알려진 동화나 설화 등이 사용된다. 텍스트의 유사한 구성방식이라든가 상황 혹은 동일한 장면이 똑 같이 기저에 그려진다. 이러한 추세는 포스트모더니즘의 대두와 함께 더 확산된다. 왜냐하면 모든 사람들이 갖고 있는, 스스로 세상의 중심이 되고 싶다는 욕망을 부추기게 되면서 대중문화의 확산에 기여하기 때문이다.

2013년에는 영화 군도의 제목을 활용한 여러 패러디 포스터가 만들어지기도 했다. 영화 주인공들의 성격에 맞춘 재미있는 패러디로는 다음과 같은 것들이 회자되었다: 갖고 싶군 이번에도, 섹시하군 악역인데도, 통쾌하군 군도, 배고프군 먹어도먹어도, 흥분했군 백성들도, 신나는군 따돌리는 것도, 거칠군 이번에도, 명중이군 이번에도, 빛나는군 이마도, 의심없이 속겠군 이번에도, 누군지 다 알겠군 머리를 밀어도, 매력있군 이번 캐릭터도.

이전 광고를 패러디한 광고로 우리 기억에 남아있는 것은 배우 이병헌이 나온 베가 아이언 30초 광고와 김준현이 나온 팔도 왕뚜껑일 것이다. 이들의 광고 대사를 한 번 비교해 보기로 한다. 감독도 동일인이고 배경 음악도 동일하고 여자 모델도 두 작품 모두 윤 서씨라고 한다. 화면 왼쪽 상단에는 VEGA와 왕뚜껑이 같은 자리에 나온다.

메탈에게도 영혼이 있다면
물불을 두려워 않고 뛰어드는 용기와
어떤 시련에도 상처받지 않는 강인함
차갑지만 약한 자를 감싸안는
따뜻함을 가졌을 것입니다.
단언컨데 메탈은 가장 완벽한 물질입니다.

뚜껑에게도 영혼이 있다면
뜨거운 김을 두려워 않고 견뎌내는 인내와
어떤 시련에도 맛을 지켜내는 책임감
덜어서 나눠먹을 수 있는
따뜻함을 가졌을 것입니다.
단언컨데 뚜껑은 가장 완벽한 물체입니다.

(질문과 과제 1) 여기서 서로 다른 표현을 찾아보도록 하자. 이러한 차이가 말해주는 것은 무엇인가요?

(질문과 과제 2) 따봉 광고를 패러디한 맛있구마 광고를 찾아서 서로 대조해 보세요.

이러한 패러디 광고는 "배달의 민족"에서 그 정점을 찍었다. 화가 밀레의 만종과 마네의 풀밭위의 점심과 같은 명화를 패러디화한 배달의 민족은 수많은 아류들을 만들어 내었다. 네이버 TV캐스트에서 2015년 18개의 동영상 광고를 제시하고 원작 광고를 다르게 재구성하거나 기본 콘셉트만 참고해 새롭게 창작하는 패러디 광고 공모전에는 454명의 참가자가 올린 487 개의 동영상 광고물이 올라와 있다. "배달의 민족" 광고를 패러디 한 "야자의 민족", "수능의 민족" 등 많은 패러디 광고물이 있다. 패러디는 그 유사성 때문에 광고주들끼리 시비가 붙기도 하고 법적 분쟁이 생기기도 한다. 한편으로는 패러디로 인하여 전작도 함께 새롭게 주목받는 경우도 있다. 패러디 광고가 도시 홍보에까지 활용된다. 김보성의 비락식혜 광고를 패러디한 정선군 홍보 패러디에서는 코미디언 이국주가 김보성을 닮은 '보성댁'으로 등장해서 드리으리, 놀거으리, 볼거으리, 살거으리를 외치면서 웃음을 선사한다

세계 콜라계를 양분하고 있는 코카콜라와 펩시콜라의 광고 전쟁 중에서 헤드카피만 다르고 배경화면은 같은 광고가 있었다. 그리고 우리나라에서도 소셜 커머스업체인 coupang 과 위메프가 벌인 패러디 광고도 있다. 쿠팡에서 배우 전지현을 모델로 "나는 잘 삽니다"는 중의적 의미의 카피에 대응하여 위메프에서는 "국민욕동생"인 김슬기

를 모델로 쿠팡 광고를 디스(disrespect)하면서 “나는 잘 사는 줄 알았습니다”라는 카피로 대응한다. 또한 배우 이름을 활용한 “슬기로운 생활 위메프”를 강조한다.

(질문과 과제 3) 코카콜라와 펩시콜라의 패러디 동영상 광고를 찾아보고 헤드카피의 변화만을 통해서 어떻게 입장이 뒤바뀌는 지를 설명해 보시오.

2. 광고 언어의 교육적 활용

광고언어는 언어교육이나 외국어 교육, 문화교육, 더 나아가서 미디어 이해교육(media literacy)에서도 많이 활용될 수 있다. 광고언어는 실생활에서 사용된, 즉 수업을 위하여 인위적으로 준비된 자료가 아닌 실제 자료(authentic material)이다. 이를 수업시간에 잘 배운다면 바로 생활에서 현장 적용이 가능한 언어를 훈련하고 배우는 것이다. 그리고 광고는 시대를 반영하기 때문에 현장문화 연구이며 시대의 소비 경향과 사회문제를 동시에 배울 수 있는 교육 주제가 된다. 또한 광고가 게재되는 언론과 언론기사를 매우 비판적으로 또 균형잡힌 시각으로 볼 수 있게 하는 media literacy 교육의 장이 된다.

(질문과 과제 4) 신문에서 광고와 기사를 혼합한 것을 찾아보고 이런 현상이 생기는 원인과 이유를 생각해 보세요

청소년 언어는 광고언어의 영향을 많이 받고 있다. 청소년들이 얼마만큼 영향을 받는가를 연구한 것으로 정보산 이경렬: 방송광고언어가 청소년의 언어생활에 미치는 영향에 관한 연구- 고등학생의 TV 광고카피 모방사용 행태를 중심으로-, 한국광고학보 1-2 가 있다. 논문에서는 부산지역 고등학생을 대상으로 설문조사한 것을 보여주고 있다. 광고언어가 갖는 나쁜 기능으로는 외래어 남용, 난해한 신조어 사용, 속어 사용, 단어 의미 오용 등의 많은 문제가 있다. 허위 과장

광고 표현, 위선적 표현, 성차별 표현, 과소비조장 표현, 품격없는 언어 등의 영향을 꼽을 수 있다. 또 청소년들은 텔레비전 광고의 관심있는 광고카피를 일상 생활 속에서 사용해보고 싶다는 것에 약 45%가 적극적인 동의를 한다. 광고카피를 사용하면 유행에 앞선다고 생각하느냐는 질문에 약 40%가 그런편이다를 선택한다. 카피 중에는 "왕입니다요", "그걸 나한테 물어보면 안돼", "국물이 끝내줘요" 등이 많이 사용된다. 학생들이 자주 사용하는 상품의 카피를 많이 모방하고 재미있는 카피를 사용하며 주로 옹호할 때, 과시적 상황, 유희적, 자기만족 유머, 풍자적이고 배타적 표현, 조소적 표현, 희롱적 표현을 상황에 맞추어 사용하였다.

국어교육에서 인터넷 광고 활용을 제안한 것으로는 김규훈(2010, 721-797)이 있다. 우리나라 영어교육에 영어 광고문을 활용한 결과를 보고한 논문도 있다. 김수정 장세은 김은일 남정미가 (2007년 새한영어영문학회 49권 4호) 발표한 영어 광고에 대한 언어학적 연구 및 교육적 활용에서는 미국에서 시행된 광고를 사용한 영어 교수 과정을 보여준다. 그리고 우리나라 대학교에서 실제 광고언어를 활용한 영어모의 수업의 방식과 그 학습 결과를 설문분석을 통해 보여준다. 결론적으로 말하면 절제된 영상과 체계화된 자료로 구성된 광고 영어 교육은 수업 흥미도와 영어 문화 습득에 매우 긍정적으로 작용함을 보고하고 있다.

이희복 차유철 정승혜는 광고 콘텐츠를 활용한 교육 연구 (광고 PR 실학연구: 2013, 6권 4호)를 통하여 국내 광고 교육의 나아갈 방향을 모색하고자 영국의 미디어 교육인 미디어 스마트를 대상으로 사례 분석하였다. 미디어스마트는 비영리 미디어 리터러시 프로그램으로 6살에서 11살까지의 어린이를 대상으로 다양한 교재를 개발하여 무료로 제공하고 있다. 영국 뿐 아니라 프랑스, 독일, 네델란드, 벨기에, 스웨덴, 핀란드 외 여러 나라에서 미디어와 광고를 어떻게 받아들여야 하는지를 많은 자료와 동영상을 통하여 가르쳐준다. 독일 홈페이지에서는 광고의 역사를 알려주고 광고에 대한 동영상 퀴즈도 있다. 어떤 화면을 보여주고 과연 이것이 광고인지 아닌지를 판단하는 것이다. 이런 동영상 교육을 통하여 어린 시절부터 광고와 기사를 구분하는 법을 배우면서 자라게 한다.

http://www.mediasmart.org.uk
http://www.mediasmart.de
http://mediasmarts.ca

더 읽어볼 책과 논문

이희복, 차유철, 정승혜(공저): 미디어 스마트, 한경사, 2013.
윤재연 : 패러디 광고의 텍스트성 연구 -텔레비전 광고를 중심으로- 겨레어문학 42집, 겨레어문학회, 2009. 69-142.
조경섭 김일철: TV광고의 패러디 효과에 관한 연구, 광고학 연구 일반 제 13권 2호, 2002. 7-25.

제12강

공익광고와 광고제

1. 공익광고

광고는 영화, 드라마, 소설과 함께 그 시대의 소비 성향과 사회상을 반영하고 있다. 사회가 가지고 있는 여러 해결해야 할 과제들을 광고를 통하여 대중의 인식을 고치고 함께 지향해야 할 사회모습을 만드는데 사용되는 광고가 공익광고이다. 공익광고는 주로 신문, 텔레비전 그리고 유투브 광고를 통해 이루어진다. 공익광고에 관련된 여러 업무를 담당하는 곳은 공익광고협의회이다. 한국방송광고진흥공사 홈페이지를 통해서는 방송된 공익광고 자료들을 손쉽게 다시 볼 수 있다. 한국방송광고진흥공사 홈페이지에는 비전을 다음과 같이 기술한다. "방송의 공공성 확보와 전파수익의 사회환원을 위해 1981년 1월 20일 설립되어 그 동안 국민의 건전한 문화생활과 방송문화 발전 및 방송광고진흥에 이바지해 왔습니다. 앞으로 코바코는 '광고산업을 선도하는 공영 미디어렙'으로 고객과 국민 앞에 당당하게 서기 위해 더욱 노력하겠습니다."

https://www.kobaco.co.kr (스마트미디어 시대 대한민국 광고의 중심)

위 홈페이지에서 공익광고 자료실을 살펴보면 방송공익광고, 인쇄공익광고, 공익광고제역대수상작으로 나누어져 있다. 방송공익 광고는 다시 주제별로 자연환경, 사회공동체, 가정/청소년, 공중보건/복지, 경제 사회&기타로 대분류 된다. 이의 소분류로 자연환경은 다시 환경보전, 에너지 절약, 물, 재활용, 산불조심, 일회용품자제, 한강, 기타로 나누어진다. 사회공동체 영역은 다시 교통 안전, 나눔&이웃, 사회화합, 장애인 배려, 타인배려/공공 매너, 언어생활, 안전, 스마트기기 바른 사용, 인터넷 예절, 기타로 다시 구분된다. 가정/청소년은 가족&대화, 가족계획, 청소년, 폭력 예방, 기타로 하위 구분되고 공중보건/복지는 담배&마약, 보건/위생, 헌혈, 기타로 구분된다. 경제 사회&기타는 국가브랜드, 국민의식&나라사랑, 국가 경제, 통일, 부정부패, 선거, 절약&소비, 기타로 구분된다. 이런 광고 모음들이 1981년부터 2016년까지 함께 모아져 있다. 2012년 공익광고제 금상 수상작에서는 외모지상주의를 비판하면서 이력서를 보여준다. 이 이력서 여러 란 중에서 사진이 거의 반을 차지할 만큼 큰 공간을 차지하고 있다. 얼굴 미모만을 채용의 주요 기준으로 삼고 있는 회사에 대하여 개선을 촉구한다. 이러한 공익광고는 비영리성, 공익성, 비상업성, 범국민성을 지향하기 때문에 공익성 캠페인이나 기업PR과는 여러 면에서 다르다. 여기에 제시된 공익광고를 가지고 분석해보자. ①은 학교폭력이 자라면 이라는 광고이다. 여기서는 학교 폭력이 나중에는 사회적 폭력이 된다는 사실을 화면 이동을 통해서 보여주고 있다. 이 광고에서 화면의 촛점이 변화하면서 나쁜 씨앗이 시간이 지나면서 좋지 않은 열매가 됨을 표현한다. 위 세 문장에서는 문자 텍스트는 나오지 않고 말로만 전달된다. 이렇게 생각할 틈을 약간 줌으로써 청취자로 하여금 상황을 생각하게 하고 그 내용에 동조하게 하여 공감의 시간을 형성하게 한다. 그리고 마지막에는 지금까지 부정적인 용어 대신에 관심과 웃음이라는 긍정적인 표현을 통하여 우리가 취해야 할 행동규범과 이것이 가져올 열매를 제시한다. ②언어순화 캠페인에서는 왁자지껄한 소리가 나면서 교실 분위기를 보여준다. 그리고 "지금부터 욕설이나 은어를 쓰지 않고 말해보세요"라는 내레이션과 함께 쿡가스텐의 '어서 말을 해'라는 삽입곡이 흘러나온다. 갑자기 어려운 난관에 처한 듯한 학생들의 모습과 더불어 전하고자 하는 메시지 내용을 강조한다.

① 옥상의 폭력이 자라면 캠퍼스의 폭력이 됩니다.
복도의 욕설이 자라면 거실의 욕설이 됩니다.
교실의 따돌림이 자라면 회사의 따돌림이 됩니다.
학교 폭력이 자라면 더 큰 사회 폭력이 됩니다. (텍스트만)
우리의 관심이 자라면 학교의 웃음이 자랍니다.

② 당신은 어떻습니까
아름다운 우리말을 쓰는
당신이 아름답습니다. (아름답습니다 반복)

공익 광고 중에서는 사람들에게 새로운 행동을 하게끔 유도하기 위하여 약간은 공포스러운 분위기를 만들기도 한다. ③에서는 전기나 수도물이 낭비되는 바로 옆에서 영수증이 계속 찍혀나오는 영상을 통하여 에너지를 아껴야 한다는 것을 강조한다. 사람들이 가장 아끼고 싶어하는 현금을 카피에 사용하여 "에너지는 당신의 현금입니다"라고 끝맺는다. ④에서는 음식 쓰레기가 결국에는 어린이가 마시는 물컵 속으로 순환된다는 것을 강조하면서 음식 쓰레기를 줄일 것을 호소한다. ⑤에서는 과소비를 막기 위한 광고를 통해 과소비 하다가는 당신이 죽음에 이를 수도 있다는 것을 잔잔하지만 공포심을 갖게끔 보여주고 있다. ⑥에서는 음주운전이 당신을 죽게 할 수도 있다는 것을 암시한다. ⑦은 부정부패 방지를 위한 광고이다. 광고 속 자막으로 "청렴한 마음과 거절하는 용기 우리 모두의 바람입니다",

하단 자막으로 "2016. 9. 28 부정 청탁 및 금품 등 수수의 금지에 관한 법률 시행" 문구를 통하여 김영란 법의 시행과 연관된 광고임을 알 수 있다. ⑧ 인쇄 광고로 전기도 바로 현금과 같다는 것을 보여준다. ⑨는 증언형 광고로서 흡연자에게 금연을 유도하기 위하여 흡연으로 혀를 잘라낸 사람의 안타깝고 애절한 모습을 보여준다. 이는 예전 국민코메디언으로 불렸던 이주일씨의 금연광고와 맥을 같이 한다. ⑩ 은 인터넷 상에서 많은 논란이 된 공익광고인 한글 바로 쓰기 광고이다. 랩퍼인 산이가 출연하여 관심을 모았으며 랩이기에 정확한 내용을 알아 듣기 어려운 부분도 있다 그리고 우리국어와 한글을 구분하지 않고 그냥 혼용한 듯한 부분도 보이기는 하지만 올바른 한글 사용에 대한 경각심을 일깨운 광고이다.

③ 에너지는 당신의 현금입니다.

④ 내가 버린 생활 하수
　내 아이가 마십니다.

⑤ 신용 사라지면 당신도 사라집니다.

⑥ 어디까지 달리시겠습니까?
　음주 운전, 한 잔의 술로 당신이 끝날 수 있습니다.

⑦ 남자 1) 이번건만 잘 부탁해, 그리고 저 이거
　　　　괜찮아 이 사람아, 사람 참 손 부끄럽게
　시청자들) 받지마, 저 사람 왜 저래, 받으면 안 되는데, 안되지
　남 2) 마음만, 마음만 받겠습니다.

⑧ 전기도 '돈' 입니다.
　아무 생각 없이 꽂는 코드!
　돈이라면 꽂으시겠습니까?

⑨ 흡연으로 혀의 1/3을 잃었어요
　32년 흡연으로 구강암에 걸렸어요

⑩ 랩 형식

난 음악으로 생각 전하는 래퍼
아름다운 한글 랩하게되 기뻐
유네스코 세계기록유산
훈민정음 해례본
하나뿐인 한글
세상이 점점 웃기고 계십니다
존댓말조차 주인이 바뀌셨습니다
사람보다 물건이 더 높은
세상입니다
바꿔라 한글한글한글한글
바꿔라 한글한글한글한글
여1 : 커피나오셨습니다
자막: 올바른 표기
미싱 잘하는 집
재봉 잘하는 집
올바른 표기
바리깡 헤어샵
바리캉 헤어숍
남NA: 한글, 바르게 쓸수록
내가 존중받습니다.
남1: 한글, 바르게 쓸수록 내가 존중받습니다
한글을 보아라

외국의 공익광고 중 다음을 살펴보도록 한다. 먼저 독일의 세탁세제 제조사인 Persil에서 자사의 제품을 간접적으로 광고하면서 어린이들에게 놀 시간을 더 많이 주자는 취지로 2008년 만든 Dirt is good이라는 광고를 보자. 어떤 로봇이 비 속에서 걸어나오고 있다. 점점 밖으로 나오면서 이 로봇은 어린아이로 변화한다. 그리고는 빗속의

진흙탕 속에서 뒹굴기도 하면서 옷을 더럽힌다. 그리고 쏟아지는 빗속에서 하늘을 쳐다보면서 이해하기 어려운 미소를 짓는다. 다른 등장 인물도 없고 내레이션도 없다. 그저 보여주기만 할 뿐이다. 그리고 마지막에는 Every child has the right to be a child라는 자막을 보여준다. 지금까지의 영상이 우리에게 종합적으로 주는 메시지는 아이들이 이렇게 놀 수 있게 키우자는 것이다. 아이들을 아이답게 키우기 위해서 무엇을 해야할 지를 우리 모두에게 생각하게 만든다. Dirt is Good, Free the Kids(2016년 3월) 제목의 광고는 아이들과 중범죄자들 중에서 누가 밖에서 더 많이 놀고 있는지를 물어보면서 어린이들에게 더 많이 놀 수 있는 시간을 주자는 공익광고이다. 처음 화면은 미국의 한 교도소를 보여준다. 정해진 시간이 되면 죄수들은 모두 밖으로 나와서 햇볕을 받거나 운동을 하면서 주어진 시간을 즐겁게 보낸다. 그리고 이들 죄수들을 인터뷰하는 장면이 연결된다. 질문은 만약 죄수들에게 주어진 야외활동 시간을 한 시간 줄인다면 어떤 생각이 들겠냐는 것이다. 죄수들은 그 한 시간이 자신들에게 얼마나 소중한 것인지를 말하면서 받아들일 수 없다는 표정들을 짓는다. 그리고 내레이션이 들어오면서 우리의 아이들은 하루에 한 시간도 밖에서 놀지 못한다는 것을 전한다. 그리고 등장하는 인물들은 아이들이 한 시간도 밖에서 놀지 못한다는 사실에 대해서 모두 안타까움을 토로하는 장면을 보여주며 이 영상을 접하게 되는 대중들에게 아이들의 노는 시간을 빼앗지 말아야지 하는 생각을 갖게 한다. (http://www.dirtisgood.com 참조)

더 읽어볼 책

김종찬: 공익광고의 은밀한 폭력, 커뮤니케이션북스, 2000.
김병희: 공익광고의 정석, 커뮤니케이션북스, 2016.

2. 광고제

여기서는 광고제와 관련된 이야기와 광고자료를 쉽게 구할 수 있는 곳 그리고 몇 개의 홈페이지 주소를 소개하도록 한다. 세계 3대광고제를 꼽으라면, 누구나 '칸 국제광고제(Cannes Lions)', '클리오광고제(Clio Awards)', '뉴욕페스티벌(New York Festivals)'를 꼽는다. 이들 광고제들은 그 명성만큼이나 유구한 역사를 자랑하는데, 2016년 기준으로 클리오 광고제가 51회를, 뉴욕페스티벌이 53회, 칸 국제광고제가 57회를 맞이하게 됐다.

http://www.canneslions.com/
http://www.canneslions.co.kr (칸 국제광고제 서울 페스티벌)
http://www.clioawards.com
http://www.newyorkfestivals.com

칸 광고제는 1954년 세계영화광고협회가 창설한 국제광고영화제로 출발하여 1992년 지금의 국제광고제로 발전하였다. 매년 6월 셋째 주에 개최된다. 이 홈페지를 보면 알 수 있듯이 광고에서의 창의성을 주도적으로 이끌고 있다.

Cannes Lions is a global campaign for Creativity, with the International Festival of Creativity as its epicentre.

그리고 2001년부터 2016년까지의 archives가 있다. 약 450,000 편의 작품이 있는 이것을 보기 위해서는 5명까지는 비용 5,100 유로를 지급해야 한다. 한국에서도 칸국제 광고제 서울 페스티벌이라는 이름으로 2016년에는 20회가 열렸다.

클리오 광고제는 1959년 미국 TV, Radio 광고제로 시작하여 1963년 클리오로 개칭하였다. 제품 및 서비스 29개 부문, 캠페인 3개 부문, 기술 12개 부문, 산업 4개 부문, 디자인 8개 부문, 인터넷 11개 부문으로 나누어 시상한다.

뉴욕 페스티발은 광고와 더불어 라디오 프로그램과 TV 프로그램 부문도 있다. ame 상에는 마케팅 효율성을 선정하며 Midas 상 부문에는 재정 관련 광고들을 선정한다. 2016년 라디오 부문에서는 KBS가 출품한 Seoul to Tokyo, the Emotional Distance 라는 다큐멘터리가 동상을 수상하였다. 이는 한일 국교 정상화 50주년을 기념하여 아직도 풀리지 않은 양국의 관계를 만나지 않은 평행선으로 묘사한 95분 프로그램이다. (사)한국광고영상제작사협회에서 한국대표부로 활동하며 출품대행업무를 돕고 있다. 한국광고영상제작사협회는 이외에도 주요 국제 광고제의 참관단도 모집하고 있어 관심을 가져볼 만하다. 국내에서는 2008년 첫 국제 광고제로 스타트를 끊은 부산국제광고제(AD STAR)가 대표적이다. 세계 최초로 온라인과 오프라인을 결합한 컨버전스 광고제인 부산국제광고제는 출품비가 무료다. 그리고 온라인 상으로 이루어지는 네이버 TV캐스트 패러디 광고 공모전도 있다. 그리고 한국방송광고진흥공사 주관으로 열리는 공익광고제도 있다. 이는 1982년부터 2000년까지 공익광고작품현상모집으로 시작되어 2001년부터 2008년까지는 대한민국공익광고대상으로, 2009년부터는 대한민국 공익광고제라는 이름으로 매년 주제를 정해서 시행된다. 2016년 공모전 시상식과 작품 전시회가 11월 4일부터 20일까지 한국프레스센터 앞 서울마당에서 열렸다.

http://www.adstarsfestival.org/
http://tv. naver.com

한국 근현대 광고를 한 번에 조망할 수 있는 국내 유일의 한국광고박물관은 광고산업과 광고문화 발전을 위한 광고 인프라시설로서 2008년 11월 7일에 개관하였다. 광고박물관은 한국의 광고역사, 광고의 순기능, 광고제작과정 등을 유물, 광고자료, 멀티미디어 체험을 통해 이해 할 수 있는 광고 전문박물관으로서 국내 유일의 디지털아카이브관을 구축하여 사라져 가는 역사적인 영상 인쇄광고 자료를 보존하고 있다.(http://admuseum.kobaco.co.kr)

광고의 유래 영상관 : 오늘날의 광고로 발전해오기까지의 역사적 변천과정을 설명하는 영상으로 실사 · 애니메이션 · CG기법 등을 이용한 최첨단의 원형영상 [Circle Vision]이며, 한국 최초의 근대 상업광고의 모습을 확인할 수 있다.

광고로 보는 한국사회문화사 : 19세기말 개항기부터 시작되는 한국의 근현대 광고 120년의 역사를 7개 시기로 구분하여 유물 · 영상 · 패널로 쉽게 이해할 수 있도록 마련한 역사공간으로 각 시기별 광고를 통해 당시 사회와 문화를 확인할 수 있다.

광고제작 이야기 : 현대 광고의 흐름을 인쇄광고와 영상광고 또는

국내광고와 해외광고로 이해할 수 있는 광고 갤러리와 같은 전시공간으로 광고가 존재할 수 있는 근거가 되는 순기능과 우리 생활 속에 광고가 어떻게 존재하는지를 확인할 수 있다.

광고로 보는 한국사회문화사 : 광고의 생산에서 소비까지, 즉 각 매체별로 광고의 제작에서 소비과정을 광고주 · 광고 회사 · 광고매체 · 소비자의 광고 네 주체를 중심으로 이해할 수 있고, 광고제작을 위한 실무자들의 작업진행 방식을 영상과 모형으로 확인할 수 있다.

광고체험 : 관람자 스스로가 '광고사진촬영'과 '광고사진편집'을 통해 간편하게 간접적으로 체험함으로써 광고를 이해할 수 있고, 모형 오토바이 시승과 영상을 통해 옥외광고를 체험할 수 있으며, 세계 3대 국제광고제인 Clio · NYF · Cannes 광고제를 포함한 세계 10대 광고제의 수상작품을 관람자 본인이 직접 감상할 수 있다.

광고의 미래 영상관 : 21세기 광고의 미래 모습은 광고매체, 과학기술의 발달, 소비자의 소비행태, 산업의 변화, 문화의 변화 등에 따라 어떻게 변화할지 예측할 수 있도록 영상을 통해 이해할 수 있고, 그 외 다양한 영상을 통해 광고를 이해할 수 있는 영상교육관이다.

광고 디지털 아카이브 : TV광고, 라디오광고, 인쇄광고, 옥외광고, 인터넷광고 등 4만5천여 점의 한국 근현대 광고를 디지털로 전환하여 아카이브를 구축, 관람자들이 검색할 수 있도록 한 디지털 광고도서관으로써 광고를 전공하는 대학생과 광고산업에 종사하는 전문가들이 광고 제작에 활용할 수 있도록 한 디지털 광고자료 센터이다.

중요한 광고 관련 웹 사이트

http://www.kobaco.co.kr (한국방송광고진흥공사)
http://www.tvcf.co.kr (광고포털, 주식회사 애드크림)
http://www.adic.co.kr (광고정보센터)
http://www.koreacf.or.kr (한국광고영상제작사협회)

더 읽어볼 책

이제석: 광고천재 이제석. 학고재. 개정판 2014.
유영실: 세계는 이 광고에 놀랐다: 당신이 국제광고제에서 상 받을 수 있는 15가지 방법. 커뮤니케이션북스. 2007.

제13강

타이포그래피,
문자언어의 예술적 변용

(질문 1) FIVE PLUS SIX PLUS SEVEN = 18

여기서 알파벳 7개를 지워서 등식이 성립하게 만들어 보세요.

타이포그래피(Typography)는 서예보다 더 예술감각적인 이미지화된 글자체를 통하여 새로운 의미를 우리에게 전달하고 있다. 타이포그래피는 디자인 분야가 주목을 받으면서 새롭게 등장한 문자예술을 가리킨다. 글자를 선후에 따라서 어떻게 배열하고 배치하고 글자의 글꼴(글자체), 크기, 색깔, 자간, 장평, 행간 등의 변화에 따라서 서로 다른 인상과 느낌을 갖게 한다. 광고에서도 효과를 극대화 하기 위하여 이런 타이포그래피를 중요하게 생각하기 시작하였다. 아직까지 이러한 차이점이 구매에 어떤 영향을 끼치는가 하는 문제가 실증적으로 연구되지 않고 있지만 점점 중요성이 부각되고 있다. 우리 한글을 왼쪽에서 오른 쪽으로 쓴다는 것은 너무나도 당연하게 받아들인다. 그러나 박근혜 퇴진/박혜진 퇴근, 키스장/스키장 같이 각 글자의 순서를 바꾸면 뜻이 달라지는 것은 당연하다. 앞서 말놀이에서 본 anagram 같은 것을 생각하면 된다.

그리고 색깔에 대하여 우리는 긍정적인 느낌과 부정적인 느낌을 동시에 갖는다. 이러한 느낌은 광고에서 사용되면서 배경 지식으로 활용되기도 하지만, 특정한 광고에서는 이러한 색상을 지속적으로 사용하여 자기 회사만의 색상 이미지를 창조하기도 한다. 코카콜라의 산타클로스 할아버지 색상은 빨강이다. 그리고 동물학대방지연합에서 낸 광고카피 "모든 동물학대는 범법행위입니다"에서 "동물학대", "범법행위"는 빨간색으로 눈에 띄게 광고하며 강력한 경고 의미를 전달한다.

(질문과 과제 2) 신문에 있는 광고 중에서 색상이 중요한 의미를 지닌다고 생각하는 것을 찾아서 서로 의견을 나누어 봅시다. 색에 대한 심리는 나라마다, 성별에 따라서, 명도, 채도, 톤에 따라서 달라진다.

빨강 : 열정, 힘, 에너지, 흥분, 환희, 지나친 분노, 부정, 잔인함
노랑 : 지혜, 이해력, 영혼의 완성, 평화, 경솔, 속임수
초록 : 자연, 위로, 치료, 시원함, 희망, 이기심, 질투, 게으름
파랑 : 진실, 조화, 희망, 성스러움, 차가움, 슬픔
보라 : 번영, 부, 정신적 권위, 속물근성, 허세
하양 : 순결, 완벽함, 적극성, 죽음,
검정 : 권위, 완벽, 악, 어둠, 죽음

이제 신문광고나 YouTube 광고에 나오는 표기들을 통해 타이포그래피가 보여주는 의미들을 찾아보자.

①은 한국무역보험공사 광고에서 대한민국의 한자 표기에서 마지막 자에 있는 입구 부수를 무척이나 크게 확대함으로써 대한민국 무역의 영토확장을 시각적으로 보여준 것이다. 이는 5회 K-SURE 대학생 광고공모전에서 대상을 받은 계명대학교 정인덕 학생의 작품을 일부 수정하여 제작한 것이다. 크기로 인하여 그 글자가 의미하는 우리나라가 무척이나 큰 나라라는 느낌을 갖게 한다. 이는 독일의 탈모치료제인 zaol이 로고를 만들면서 마지막 l을 다른 철자보다도 더 길게 위로 뻗치게 만든 것과 유사한 것이다. ②는 한글 맞춤법에는 틀린 표기이지만 두개의 단어 받침을 혼합한 것이다. 함께 나오는 BBQ가 이미 우리에게 알려진 브랜드이고 닭 제품을 판매하고 있다는 것을 아는 소비자들에게 "딹"이란 음절은 "닭"과 "딱 맞는다"의 딱이 합쳐져서 어떤 상황에도 꼭 어울리는 치킨요리라는 것을 전달

한다. ③ 경우 다 다르다는 모든 점에서 차이가 난다라는 의미를 지니면서 이전까지의 동종 제품이나 서비스와는 다르다는 것을 표현한다. 그리고 다음 문장에서 다다르다 라는 표현을 통하여 높은 목표 지점에 도달했다라는 것을 알려주고 있다. ④에서는 사칙연산을 의미하는 픽토그램을 사용하여 그 의미를 소비자의 눈에 바로 들어오게 강조하고 있다. ⑤에서는 고도일 이름을 가로로도 세로로도 보이게끔 광고문안을 작성하고 있다. 형지에스콰이아의 구두 광고에서도 “새해에는 신바람나게 발로 뛰자”를 3행으로 나누면서 각 행의 두음을 큰 활자로 표시하여 새신발을 두드러지게 만든다. ⑥에서는 웹 드라마 상에서 우리말 어미 냐가 변모하여 영어 LF로 바뀌면서 소핑몰 LF 몰을 연결시키고 있다.

① 한자 國에서 큰 입구 부수인 바깥 테두리를 더 확대해서 대한민國 무역의 영토확장 (한국무역보험공사)
(이는 제 5회 K-SURE 대학생 광고공모전 대상 수상작인 계명대학교 정인덕 작품 일부 수정제작한 것)

② 딹 = 닭 + 딱(TPO: Time Place Occasion) (한국 BBQ)

③ 지금까지의 세상과는 다 다르다. (글자 크기와 색 다름)
5G에 다다르다. (SK 텔레콤의 최신 광고)

④ 절약은 더하기
낭비는 줄이기
희망은 두배로
기쁨은 나누기 (한국에너지관리공단)

⑤ 고도일 정형외과 (2016년 11월 2일자 조선일보)
세로로 읽으면 고도일
가로로 읽게 되면 고집합니다!
도전합니다.
일편단심!

⑥ 헤지스 어디서 사냐 – LF Mall
라푸마 어디서 사냐 – LF Mall
버켄스탁(Birkenstock) 어디서 사냐 – LF Mall
닥스 어디서 사냐 – LF Mall

이제식님의 타이포그래피 도대체 뭐지? 책에서는 우리가 한 눈에 비교하여 알아볼 수 있도록 많은 예를 제시하고 있다. 한 마디로 말해서 "보기 좋은 떡이 먹기에도 좋다"는 생각이 글자에 적용된 것으로 이해할 수 있다. 최근 컴퓨터 출판 글씨에 익숙해진 현대인들이 손글씨체에 향수를 느끼고 매력을 느끼기에 인간의 감정이 묻어나는 글씨체를 만들려는 노력이 꾸준히 이어지고 있다. 특히 동영상 광고에서도 텍스트와 그림의 배치나 문자의 변형이 점점 새롭게 시도된다. 옥외광고인 플랭카드 간판, 네온사인 글자체와 색깔도 서로 달라졌을 때 우리의 주의를 이끄는 것이 다르다는 것을 실감한다.

인쇄 광고에서 타이포그래피는 언어표현을 문자의미로 전달함과 아울러 시각적으로도 유사한 느낌을 갖게 하기 위하여 이 둘을 결합하고 있다. 독일의 구체시 가운데 사과를 주제로 시를 작성하면서 시 텍스트가 사과 그림처럼 보이게 하는 것과 유사한 것이다. 신문광고에 나타나는 문자에서도 크기와 색깔 변화를 통하여 소비자들의 관심을 끌려고 시도하고 있다. 특히 잡지 광고에서는 화려한 글자색을 통하거나 활자를 작게 하거나 크게 하여 알리고자 하는 메시지 내용을 좀 더 분명하게 하고 있다. 동영상 광고의 경우에도 영상 내용과 함께 하단에 나타나는 캡션 크기, 말풍선 안에 나타나는 활자의 크기 조정 등이 다양하게 고려된다. 잘 구성된 타이포그래피는 다양한 의미를 짧은 시간 안에 전달할 수 있는 그림이나 사진과 같은 역할을 한다. 타이포그래피 전문가는 카피라이터가 만든 언어적 표현을 시각적 상징 의미로 전환하여 더 직관적이고 순간적 회상을 가능하게 하는 복합체계를 만든다. 최근에는 표현과 의미가 일치하는 타이포그래피의 전통에서 벗어난 탈규칙 탈규범적 표현이 많이 확산되고 있다. 이러한 해체적 타이포그래피는 표현과 의미가 일치하지 않으면서도 새로운 의미를 창출한다. '어머니'라는 단어가 어떤 글자체로 어떤 크기로 어떤 색상으로 어떤 종이나 재료 위에 적혀 있느냐에 따라 어머니의 의미와 그에 대한 애증의 정도가 표현될 수 있다고 믿는 사람들이 타이포그래피들이다.(송성재: 2013, xiii)

김영국, 원종윤의 (2006: 101) 논문은 2005년 1월부터 3월까지 조선일보 신문광고의 헤드라인에 나타난 서체를 분석하였다. 명조, 고딕, 손글씨, 둥근고딕계열, 장식계열 5개의 서체 분류 중에서 고딕계열이 약 40.8%의 압도적 사용률을 보이고 있다. 그 다음으로 명조체가 30.9%의 사용률을 보인다고 한다. 평서형, 의문형, 감탄형, 명령형, 청유형, 정지형, 축약형의 문장 유형에 따라서 이 비율도 차이를 보이지만, 명조계열은 청유형과 정지형에서 더 높은 사용률을 보이고 고딕계열은 어투가 강하고 단정적인 명령형에서 더 많이 높게 나타났다고 기술하고 있다. 청유형은 손글씨체와 어울리며 둥근고딕은 축약형에서 많이 나타나고 장식체는 감탄형에서 많이 사용됨을 통계를 통하여 확인하고 있다.

(질문과 과제 3) 따뜻함은 UP
가격은 DOWN (파크랜드 광고) 이라는 카피가 있다.
이를 타이포그래피를 이용하여 새롭게 표현해 보십시요.

더 읽을 책

이제식: 타이포그래피가 도대체 뭐지, 미담북스, 2014.
송성재: 한글 타이포그래피, 커뮤니케이션북스, 2013.

제14강

외국 광고

우리 한국어와 외국어는 문자체계와 발음 그리고 통사적 특성이 서로 다르기 때문에 광고언어에 나타나는 특징이 매우 다를 수 있지만 광고라는 점에서 유사성도 많이 있다. 영어에 나타나는 광고언어의 특색을 잠시 살펴보도록 하자.

영어 광고에서 자주 나타나는 어휘들을 살펴보면 다음과 같다.

미국의 경우 다음과 같은 어휘들이 광고에 자주 사용되는 형용사와 동사들이다. 우리 말 광고에 사용되는 의미로 풀어 봅시다.

형용사: new, good/better/best, free, fresh, delicious, full, sure, clean, wonderful, special, crisp, fine, big, great, real, easy, bright, extra, safe, rich
동사: make, get, give, have, see, buy, come, go, know, keep, look, need, love, use, feel, like, choose, take, start, taste

(http://www.linguarama.com/ps/marketing-themed-english/ 2016. 10. 5 참조)

명사들 가운데서는 매우 전문적이고 과학적으로 여겨져서 소비자에게 구매 확신을 부여해주는 용어들이 더불어 사용된다. 소비자에게 자신의 이익으로 느끼게 하는 대명사를 사용한다. 이익을 갖게 해줌으로써 여러분이 갖고 있던 문제점, 고민, 어려움이 제거 된다는 의미의 No, Never가 사용된다. 또한 모든 사람들이 항상 사용하고 있다는 점을 강조하기 위하여 all, always, everyone이 나타난다. 청자에게 무언가 부족한 것이 없었는지 묻는 질문으로 당연한 답이 나오게 유도한다. 그리고 강력한 명령이나 지시를 통하여 당신이 바로 어떤 행위를 취해야한다는 점을 강조하기 위하여 명령문 형식이 사용되기도 한다. (https://www.slideshare.net/keemanxp/english-in-the-media-advertising-techniques, Sarawak 대학교)

Contains Probiotics to improve your immunity
Don't worry. We make your dream come true.
No more stubborn stains
Never miss a phone call again!
Always a smarter choice.
A laptop that does it all.
Do you feel tired after work?
Is your life protected?

영어에도 우리말과 같이 앞에서 언급했던 말장난이나 중의어 사용, 문학적 말장난, 은유, 회피어법, 두운과 각운, 대구법, 과장법 등이 많이 사용된다. 다음 카피들을 읽으면서 뜻이 무엇인지 파악하고 광고언어로서 어떤 기법을 활용한 것인지 말해보도록 하자.

It's love at first swipe
Give your business a sharp edge
Smooth and Silky, Sensuously smooth, Gloriously golden
You are the traveler. Your investments are the terrain. We are the map.
We know you are both gourmet and weight watcher. (fat 대신)
We brighten up your tanned skin. (dark 대신)
Tough on plague, easy on teeth.
Yes, we can do this. Yes, we can achieve this.
No one knows the land like a Navajo (Mazda four–wheel drive)

Early treatment. Early cure (Gyne Lotrimin medicine)
Choose to be your most beautiful. Salon beautiful (Salon Selectives hair products)
Smart phone smarts. (AT&T telecommunication)
It says what it does. It does what it says. (Listerine mouthwash)
We got hot prices on cool stuff. (Musicland stores)
Easy on eyes. Tough on tangles (Pert Plus shampoo)
Laser beams move at the speed of light.

(Edward F. McQuarrie and David Glen Mick : Figures of Rhetoric in Advertising Language, in Journal of Consumer Research, Vol. 22, No. 4 1996. 424-438 발췌)

동일한 슬로건 아래 서로 다른 본문카피를 지속적으로 바꾸면서 자사 제품의 우수함을 표현해주는 예로서 네델란드 맥주회사인 Heineken 광고가 있다. (이석기: 2010, 70-117쪽에서 발췌)

매우 일관적으로 빈 여백을 백그라운드로 바디카피 한 줄, 제품 샷 하나, 그리고 항상 같은 위치에 똑같은 캐치프레이즈가 반복되고 있다. 이 캐치프레이즈는 자기 회사 제품에 대한 자신감을 잘 보여주고 있다. 그리고 화면 위에는 다음과 같은 표제어로 제품을 소비하는 소비자들이 자긍심을 갖게끔 하는 표현들이 지속적으로 연결되어 나온다.

(질문과 과제 1) 다음 괄호 속에 들어갈 가장 알맞은 우리말 어휘들을 생각해서 넣어보세요.

When you make a great beer, you don't have to make a lot of fuss.
훌륭한 맥주를 만들면 크게 소란 떨 필요가 없습니다.

The message is in the bottle
저희가 하고 싶은 말은 병 안에 있습니다. (메시지는 병 안에 있습니다.)
Every pleasure has to end sometime.
(　　) 즐거움(　　) 언젠가는 끝나야만 합니다. (하이네켄 맥주 빈 잔)

Empty glasses speak louder than empty words.
빈 말보다 빈 컵이 더 많은 것을 얘기해줍니다.

Just a reminder of what you could be doing right now.
여러분이 지금 무엇을 하실 수도 있는지 (　　) 다시 알려드리는 것입니다. (하이네켄 맥주 1병과 가득 채워진 잔 사진)

Take your time. We did.
(　　) 하세요. 우리는 그랬습니다. (동일 사진)

No amount of advertising can do as much as one sip
(　　) 광고를 많이 해도 한 번 마셔보는 것만은 못하지요. (동일 사진)

We don't have to sell you a dream.
We're quite content with reality as it is
우리는 당신에게 꿈을 팔지 않아도 됩니다. (　　) 그대로의 현실에 아주 만족하기 때문이지요. (동일 사진)

(가능한 답 : 어떤, 이든, 그냥, 천천히, 아무리, 있는)

제15강

광고의 미래와 동영상 광고

광고도 시대의 급격한 변화에 발맞추어 많은 변화를 겪고 있다. 광고 대상인 주요 상품의 구성도 변화하지만 가장 큰 변화는 디지털 기술의 접목, 소비자와의 공감 기회 확대, 인쇄광고에서 동영상 광고로의 변화, 유머와 성적 소구 활용, 직접적인 표현보다는 아리송한 간접표현 방식의 활용 증가 등으로 볼 수 있다. 먼저 소비행태의 변화를 살펴보자. 우리 젊은이들에게 "아프니까 청춘이다"로 큰 위로를 주고 멘토 역할을 하면서 현재 아침 출근 시간에 KBS FM의 "트렌드 플러스"를 통하여 올바른 소비자 문화를 만들기 위해 노력하고 있는 김난도 교수님의 2017년도 소비생활에 대한 예측을 한 번 살펴보도록 하자. 올해는 닭띠 해이고 우리나라가 정치, 경제, 사회, 문화 모든 영역에서 어려움에 처해 있기 때문에 영화 "치킨 런"의 주인공처럼 철조망의 울타리에서 벗어나서 한국이 비상하기를 기원하는 소망을 CHICKEN RUN으로 표현하였다. ("트랜드 코리아 2017" (매일경제신문, 2016년 11월 1일 기사 참조))

C　C'mon　YOLO　지금 이 순간 '욜로 라이프'

H　heading to B+ Premium　새로운 B+ 프리미엄

I　I am the 'Pick-me' Generation　나는 '픽미세대'

C　'Calm-Tech', Felt but not Seen 보이지 않는 배려 기술, '캄테크'

K　Key to Success Sales 영업의 시대가 온다

E　Era of 'Aloners; 내 멋대로 '1코노미'

N　No Give Up, No Live Up　버려야 산다, 바이바이 센세이션

R　Rebuilding Consumertopia 소비자가 만드는 수요 중심 시장

U　User Experience Matters　경험 is 뭔들

N　No One Backs You Up　각자도생의 시대

새로운 슬로건을 매년 만들어내기 위한 노력과 고심을 생각하고 여러분들도 소비생활 속에서 과연 이렇게 하고 있는지 한 번 생각해 보기 바란다. 이러한 소비 성향에 맞추어 또 지속적으로 새로운 광고 문안이 만들어지고 우리를 즐겁게 혹은 피곤하게 만들어줄 것이다.

광고가 발전하기 위해서는 지금까지의 광고를 뒤돌아볼 필요도 있다. 제대로 된 광고비평이 많이 이루어질수록 광고의 질도 향상되고 우리 사회를 건강하게 만드는데 기여한다. 김병희 강승규 원용진의 광고비평방법(나남 2009)는 광고정보(한국방송광고공사 발행)에 2000년 1월부터 11월까지 발표된 자료와 12월호에서 종합 대담을 한 결과물이다. 현대광고, 어떻게 볼 것인가?라는 주제로 세 명의 저자가 돌아가며 기고한 내용을 토대로 수정한 저서이다. 광고비평 방법으로 기호학적 비평, 신화 비평, 이데올로기 비평, 페미니즘 비평, 사회학적 비평, 제도적 비평, 수용자 반응 비평, 마케팅적 비평, 담론 분석, 정신분석학적 비평을 담고 있다. 이런 비평문화가 제대로 확산되고 광고방송에 대한 자율 심의와 규제가 이루어지고 과잉광고와 오도광고에 대한 적절한 벌금이 부과된다면 우리 광고도 일반 대중들에게 외면받지 않고 중요한 정보의 원천으로 여겨질 것이다. 공정거래위원회가 디젤 차량의 배기가스와 연비에 대해 거짓 광고를 한 아우디폴크스바겐코리아에 대해서 과징금 373억2600만원을 부과했다. 거짓 광고에 대한 과징금으로는 사상 최대 금액이다.(조선일보, 2016년 12월 8일 기사 참조)

그리고 전문 광고인들이 제시한 의견을 충분히 고려하여 광고인, 광고회사, 카피라이터, 소비자들이 광고 흐름을 제대로 이해하고 합리적인 소비생활을 만들어 가야 한다.

김정아 : 인공지능, 증강현실, 빅데이터....광고와 마케팅의 미래를 보다. 칸 라인언스 크리에이티브 페스티벌이....... 다양한 엔터테인먼트 분야의 인사들이 연사로 참여하면서 광고와 마케팅 영역이 엔터테인먼트로까지 넘나들며 팽창하고 있음을 가늠할 수 있었다. (매일경제신문 2016년 7월 1일 금요일 기사 Insight)

김나연 : 미국 USA Today Super Bowl Ad Meter에서 매 년 슈퍼볼 광고의 선호도를 조사한 바 올해에는 63편의 광고물 중에서 현대자동차 제네시스의 광고인 첫데이트(First Date)가 1위를 차지하였다. 위트와 유머를 가미해 상품의 특징을 잘 표현하였다. 딸을 생각하고 걱정하는 아버지의 마음은 누구나 같을 것이다. 기업 스스로가 아닌 소비자에게 초점을 맞추어야 한다. (매일경제신문 2016년 2월 26일 기사 요약 참조)

홍준선 : 마케터와 광고인들의 중요한 임무는 새로운 기술의 홍보가 아니라 그 기술이 사회에 어떤 목적의식을 가지며 사람들의 관심과 공감을 불러일으킬 콘텐츠가 무엇인지 고민하는 것이다. (매일경제신문 2016년 10월 7일 C7면)

박선미 : 광고회사의 변신. 이젠 '연결의 달인' 클라이언트에게 제공할 마케팅 솔루션의 최적화를 위하여 내부와 외부, 연결의 생태계를 구축함과 동시에 궁극적으로는 광고회사의 틀을 벗어난 뉴 비즈니스 플랫폼으로 거듭나야 한다. 마케팅 프로모션의 일환인 광고는 그 독특한 형태로 인하여 그 사회의 산업구조를 반영할 뿐 아니라 한 사회가 안고 있는 사회적 강박, 스테레오타입, 집단적 무의식, 주요 담론 등이 중첩된 결정체다 그러므로 광고를 통해 현대사회를 읽어내는 작업은 당대의 다양한 모습과 무의식, 당대의 표현 양식에 주목하는 일이다. (매일경제신문 2016년 12월 2일 기사)

방윤수 : 광고인들은 일반의 상식을 뛰어넘은 생각과 표현을 통하여 소비자의 관심을 얻으려는 필사적인 노력을 한다. 광고인들의 파괴는 바로 창조이다. (매일경제신문 2016.년 11월25일 기사)

김재호 : 전하고자 하는 메시지를 전달하되 사람들이 먼저 찾는 콘텐츠를 만들것. 그것이 브랜드에도 긍정적인 솔루션이 될 것이다. (매일경제신문 2017년 1월 6일 Insight 기사)

박한중 : 광고는 점차 광고의 틀을 벗어나고 있다. 향후에는 TV 또는 인쇄 광고를 얼마나 크리에이티브하게 잘 만들 것인가에 멈춰 있지만은 않을 것이다. 결국 매체와 매체를 넘나들고 전통적인 광고에 디지털 기술이 결합돼 소비자들에게 어떤 경험을 전달 해 줄 수 있는지 그리고 소비자의 구매 프로세스를 얼만큼 편리하게 바꿀 수 있는지가 효과적인 광고이냐의 기준이 될 것이다. (매일경제신문 2017년 1월 20일 C5면)

조정식 교수 : "광고쟁이에서 기업 커뮤니케이션 전문가로"

이제 발빠른 소비행태를 지닌 소비자의 구성 변화와 디지털 신기술 개발로 인한 광고의 변화를 살펴보기로 한다. 조선일보 (2016년 10월 1일 case study) 기사에선 3초만에 눈길 잡고 全세계인 신발 벗기는 마케팅이 소개되었다. "미국 경제지 포보스는 'sns 마케팅은 브랜드 인지도를 높이고, 고객층의 로열티(충성도)를 확대하며, 소통을 통해 개선할 기회를 늘려준다' 고 보도했다". 이에 대하여 잘 대처할 수 있는 방법으로 제시된 것은 다음과 같다.

① 3초로 승부하라.
② 목표를 SMART하게 잡아라.

즉 구체적(specific), 측정가능하며(measurable), 이룰 수 있고(attainable), 적절하며(relevant), 시간 제한이 있는(time–bound) 것을 말한다.

③ 창의적으로 소통하라

(2009년 이케아의 스웨덴 말뫼점의 포토태깅)

여기서는 최근의 광고 흐름 속에서 앞으로도 계속 우리의 관심을 끌 수 있는 광고형태로 다음을 제시한다. 소비자와 공감하는 광고, 정보통신 기술을 잘 접목한 창의적 광고, 제품 속성 광고보다는 회사 전체의 이미지를 높이는 광고 등이다. 이제 이를 순서대로 살펴보도록 하자. 소비자와 공감한다는 것은 소비자가 필요한 것을 보여준다는 것과 광고과정에서 소비자가 직접 참여한다는 것을 의미한다. 칸 광고제가 Cannes Lions Creativity Festival로 바꾼 것에서 알 수 있듯이 앞으로의 광고는 내용 전달의 창의성 뿐만 아니라 어떻게 소비자와 재미있게 소통하고 교감하느냐는 방법을 찾아내는 창의적 발상의 공연장이 될 것이다. 광고와 마케팅 영역이 엔터테인먼트로 넘나들며 팽창되고 있음을 알 수 있다. 그리고 대기업집단에서는 개별 상품의 광고와 더불어 회사 전체의 이미지를 높이기 위하여 웹드라마를 만들거나 신문광고에서 제품보다는 회사에 대한 감성 위주의 광고를 한다거나 공익광고를 만드는데 기여를 한다.

한국광고홍보학회로부터 2016년 올해의 광고대상으로 선정된 새로운 방송채널 OtvN 홍보광고를 살펴보자. 이 채널은 주로 40-50대를 겨냥하고 있다. "오! 진짜 짧은 다큐"라는 제목으로 발표된 영상에는 모두 돈키호테가 등장한다. 주인공으로 등장하는 인물들은 어떤 면에서 모두 돈키호테와 같이 시대를 앞서가거나, 주변의 반대를 무릅쓰고 자신의 길을 간 사람들, 새로운 발상을 통하여 새로운 길을 개척한 사람이나 대상들이다. 겸재 정선 편에서는 겸재 선생을 중국이 아닌 우리 조선의 산수를 그린 인물로, 제 2의 인생 편에서는 프란쯔 카프카, 피에르 드 페르마, 앙리 루소처럼 두 가지 직업 활동을 하면서도 큰 업적을 낸 사람을 등장시킨다. 나이 편에서는 진짜 그 나이에 그 일을 했을까라는 의심이 들만한 사람들을 등장시켜 중년에 벌써 삶의 의욕을 잃은 우리들을 일깨운다. 사진작가 구본창님의 이야기, 그리고 잡지 뿌리깊은 나무(SBS 의 드라마 아님)이야기, 화가 에두아르 마네 이야기, 빈센트와 테오 이야기, 임즈 부부 이야기, 그리고 어처구니 song으로 어처구니 없는 생각이나 도전을 함으로써 인생 후반부를 성공적으로 만들 수 있다는 생각을 하게끔 새로운 방송 채널의 주시청자 층을 공략한다. 길지도 않은 대략 2분 정도의 시간으로 시청자들에게 "그러니까, 나도 할 수 있지, 해봐야지"라는 욕망을 불러일으킨다. YouTube나 네이버 TV에서 볼 수 있다.

소비자에게 직접적인 이익을 가져다 주면서 회사에 대하여 고맙다는 생각을 갖게 하는 광고들이 앞으로 더 확산될 것이다. 이러한 예로는 네이버스토리가 있다. 직장생활, 임산부, 수험생 등의 이야기가 다루어졌다. 2014년 나온 수험생 이야기에서는 수능 일정에 맞추어 수능선물, 수능 준비물, 수능 도시락, 수능 시간표까지도 소비자가 원하는 내용을 이 서비스를 통하여 얻을 수 있다는 것을 영상을 통해 보여준다. 수험일 하루 후에는 미용실 가서 이 서비스를 통해 머리모양까지 추천 받으려는 학생의 모습을 보여주면서 여운을 남긴다. 아마도 평생 함께 하라는 의미일 것이다. 이 영상을 보게 되면 누구나 "아 그렇구나, 나랑 꼭 같구나"하는 생각을 갖지 않을 수 없다.

(질문과 과제 1) 광고를 통하여 여러분이 직접적으로 생활에 도움을 받은 경우들을 서로 이야기 해봅시다.

스웨덴에 본사를 둔, 보드카 생산업체 앱솔루트코리아에서는 한국 상황을 광고에 이용하여 물의를 일으키기도 하였다. 서울 광화문 광장을 가득 메운 촛불 물결을 포토샵으로 앱솔루트 보드카 병 형태로 수정한 이미지 위에 ABSOLUT KOREA, THE FUTURE IS YOURS TO CREATE 라고 표기하였다. Absolut의 정확한 영어표기는 absolute인데 스웨덴 식 표기라고 한다.

(질문과 과제 2) 타국의 상황을 상품 광고에 이용하는 것에 대하여 여러분은 어떻게 생각하나요? 그리고 찬성, 반대의 이유를 말해보세요.
이 회사에서는 계속해서 같은 병 모양과 ABSOLUT ———— 라는 슬로건을 사용한다. 다른 광고들을 찾아서 그 의미를 살펴보세요.

대중과 공감하는 능력, 소통 기회 확대를 보여주는 우리나라 광고의 하나로 빙그레 바나나우유 광고가 있다. 바나나의 모음만을 떼어내면 "ㅏ ㅏ ㅏ"가 된다. 소비자로 하여금 알맞은 자음을 조합하여 말을 만들게 함으로써 "어 재미 있구나" 혹은 "내가 이렇게 참여하였으니 다음 우유를 구매할 때는 이것을 먹어야지"라는 생각을 갖게 한다. 참여하는 사람들은 자신의 작품을 또 다른 사람들에 전달하게 되어 입소문을 타게 된다. 헤시태그(hash tag, #)까지 붙여서 채워 바나나로 입소문이 퍼진 후에는 "잘 나가 맛", "샤샤샤 맛", "반해라 맛", "사랑해 맛" 등이 SNS 공간을 타고 유포되었다. 소비자들의 자발적

언어유희를 유발한 이 광고는 우리말의 조합성을 잘 활용하였다.

컴퓨터 바이러스처럼 빨리 확산된다는 점에서 바이럴 마케팅으로 불리면서 2000년 말부터 확산되기 시작한 바이럴 광고는 이제 대중문화의 한 부분으로 자리 잡았다. 점점 더 많은 사람들이 바이럴 광고를 재미있게 받아들이고 또 소문을 내고 있다. 다음에는 게임을 광고하기 위하여 만들어진 것을 살펴본다. 최근 인기를 끌고 있는 것은 netmarble에서 출시한 리니지2 레볼루션을 광고하기 위하여 만든 동영상 중 하나이다. 배우 김명민과 박철민이 주연으로 등장한다. 힘든 시절을 살아가는 백성들이 모여있는 저잣거리에 나타난 양반 주인공은 사람들이 많이 모여 있는 것을 보고 무슨 일이냐고 묻고 시종은 방(榜)을 가리키며 혈맹원 모집 광고를 접하게 된다. 여기에는 엄지척 좋아요 표시가 있다. 반란을 꾀하기 위한 동지를 모집하기 위해서는 牌북에 많은 指章을 받는 것이 좋다고 하는 장면 속에서 북소리도 등장한다. 그러나 이 책에는 아직 많은 사람들이 모이지 않았음을 확인하고 그 방책을 찾아보려는 것이 무엇인가 상의한다. 동지를 혈맹원으로 지칭하면서 많이 모이게 하려면 사람들의 관심을 끄는 것이 무엇인가 고민하는 장면이 이어진다. 이를 위한 방책으로 박이럴(viral) 명창을 불러서 공연을 한다. 이 공연에서는 일본의 개그맨 피코타르가 등장하여 "pen pine apple apple pen"이라는 노래를 부른다. 양반은 이게 성공하겠냐고 의심하지만 뒤를 돌아보니 예상보다 훨씬 많은 사람들이 모여 있다. 이들 앞에서 이 양반은 다스릴理 화평할尼 땅地 리니지 2(投) 레불루션(來不樓星) 성문 앞에서 난을 이끌어간다. 이 웹 드라마에는 페이스북, 페북의 엄지표시 좋아요, 바이럴광고, 다른 인기영상 등 SNS 관련 많은 요소가 모두 드러난다. SNS를 통하여 이 바이럴 광고를 본 사람들은 기억 속에 이 광고 장면들이 남게 될 것이고 이 게임을 해보고 싶은 생각을 갖거나 하지는 않더라도 우호적인 생각을 지니게 된다. 게임을 좋아하는 젊은층을 대상으로 그들이 호응할 만한 요소들을 통합하여 회사명과 게임 이름도 기억하게 하면서 소비자들을 끌어들인다.

정보 통신 기술을 접목한 광고의 예로 Heineken의 OUR FIRST INTERACTIVE BOTTLE이 있다. 혁신을 이루기 위해서는 아이디어도 필요하지만 빠르게 발전하는 기술력에 대처하는 자세가 가장 중요하다는 것을 증명한 사례다. 모션 센서 및 무선 네트워킹 기술을 도입해 음악에 반응하도록 설정하여 맥주잔을 기울이거나 부딪치면 센서가 반응해 맥주병에 내장된 LED에 불이 켜지게 된다. 한 클럽에서 시도된 이 광고를 통하여 그 현장에 있었던 사람들은 맥주맛과 함께 정보기술의 발전 속도도 제대로 경험하고 음미할 수 있었을 것이다. 또한 이런 신기술을 보여주는 회사의 맥주 생산 기술에 대한 신뢰도까지 높아졌을지 모를 일이다. 박승배(2016)에서는 최신 이노베이티브 광고의 예들을 구체적으로 제시하고 있다.

이제 우리 재벌들의 감성광고를 살펴보기로 한다. 각 기업 집단들이 웹드라마를 저렴한 투자비로 큰 효과를 볼 수 있는 광고형식이라고 판단하고 있다. 그리고 인쇄광고나 방송광고와 달리 광고심의를 통한 제재 규정이 없기에 약간은 자유로운 환경 속에서 원하는 제품이나 고객 친화적인 기업 이미지를 원하는 방식으로 홍보할 수 있는 점을 장점으로 여기고 제작한다. 매일경제신문 city life 561호에 (2017년 1월 10일자 기사)에 의하면 2016년 제작된 웹드라마의 작품 수는 약 80개 정도라고 한다. 이 웹 드라마는 지상파 드라마에 비하여 무척이나 짧게 만들기 때문에 스낵 칼처 현상이라고도 하지만 젊은 네티즌의 많은 관심을 받고 있다. 특히 모바일 스마트폰 세대에게는 언제 어디서나 시간과 장소에 구애 받지 않고 볼 수 있는 특화된 장르로 여겨진다. 이들 중에는 "마음의 소리"(네이버 TV 캐스트 제작), "첫키스만 일곱번째"(롯데면세점 제작) 8부작 등 많은 호응을 받는 것들이 있다. 삼성은 2013년 무한동력, 2014년 최고의 미래, 2015년 도전에 반하다, 2016년 긍정이 체질 등으로 매년 한 편식 웹드라마를 제작해서 발표하고 있다.

이제 우리나라 서울에서도 미국 뉴욕의 타임스스퀘어 같은 옥외광고의 중심지가 만들어질 모양이다. 한국판 타임스스퀘어로 서울의 강남 일부 지역이 옥외광고 규제 프리존으로 선정되어 초대형 LED 전광판으로 18시간 광고가 행해질 것이다. (매일경제신문, 2016년 12월 2일 기사) 광고가 우리 곁에 더 가까이 다가오면서 거리문화의 일부가 될 것이다.

인터랙티브 무비 광고 속에서는 소비자 자신이 광고의 주인공으로 변신도 쉽게 하게 되었다. 이러한 시나리오를 만들 때 언어는 어떠한 역할을 할까? 인터랙티브 광고 시나리오에는 메시지와 소비자, 갈등, 재미, 플롯이 함께 있어야 된다고 한다. 이구익(2013: 74 참조) 이럴수록 카피라이터는 소비자의 언어를 이해하고 눈높이에 어울리는 어휘들을 뽑아내어야 한다.

인터랙티브 광고에서 카피작업을 위한 14가지 제안

① 카피라이팅은 창작이 아니라 찾아내는 과정이다

② 광고 카피에는 콘셉트가 담겨 있고 클릭을 유도하는가?

③ 광고 제작은 정교함이 힘이다
④ 제품명이 어려울 때는 별명을 붙이고 설명은 최대한 쉽게 써라
⑤ 온.오프라인 통합 광고 캠페인에서는 카피의 일관성이 중요하다
⑥ 이벤트 참여를 위한 설명은 직관적인가?
⑦ 소비자 타깃에 어울리는 카피를 쓰자
⑧ 제품과 소비자와의 상호작용적 접점을 만들라
⑨ 제품을 의인화하여 생각하고 숨은 이야기를 끌어내라
⑩ 마케팅적으로 벗어나지 않도록 점검하며 써라
⑪ 디지털 미디어에 대한 통찰력을 키워라
⑫ 콘셉트를 찾고, 콘셉트를 만드는 능력을 키워라
⑬ 소비자의 혜택에 대해 명확하게 알려라
⑭ 소비자의 입장에서 최종 점검하라
(이구익: 2013, 199 – 205 발췌)

광고를 만드는 사람도, 광고를 읽고 소비하게 되는 사람들 모두 언어에 대한 감각을 키우고 언어를 제대로 잘 활용하는 사람으로 거듭나야 할 것이다. 한겨레 신문 토요판 정재승의 영혼공작소 13(신경언어학)에 언급된 이탈리아의 유명한 제과회사 페레로의 초클릿 라파엘로의 포장지 뒷면에 삽입된 광고문구를 마지막 예로 제시한다.

(질문과 과제 3) 다음 두 광고문안 중에서 어떤 것이 더 효과적이었을까요?
그리고 그 이유는 무엇일까요?

라파엘로는 엄선된 재료를 사용해...
라파엘로는 값비싼 재료를 사용해...

참고문헌

1. 참고 논문

강연임: 광고문구에 나타난 외래어의 양상과 언어의식- 잡지광고를 중심으로 - 한국언어문학 71집, 163-187.

구명철: 광고문에 나타난 언어유희적 특성, - 독일어 광고문과 우리나라 광고문의 사례를 중심으로 -, 한국광고홍보학보 3권 1호, 한국광고홍보학회, 2001. 62-87.

권혁렬: 광고 슬로건의 언어학적 의미구조의 특성에 관한 연구 -담화분석 이론을 중심으로, 한양대학교 대학원 박사학위 논문, 2012.

권혁렬: 함축적 광고메시지의 의미구조 분석, 광고 PR실학연구 7권 4호, 2014. 7-42.

김귀순: 정치광고언어에 대한 화용론적 접근, -전제와 유를 중심으로 -, 새한영어영문학 56권 3호, 2014. 67-90.

김동규: 광고카피에 구현된 알레고리의 유형과 특성에 관한 연구, 광고 PR실학연구 5권 2호, 2012. 7-36

김병희: 광고 창의성과 크리에이티브에 관한 연구 동향과 전망, 광고학연구 25권 8호, 2014. 71-103.

김옥순: 광고에 관한 기호학적 접근, 새국어생활 제 2권 2호, 1992.

김완석: 광고 언어의 심리학, 새국어생활 제2권 제2호, 1992.

김정우: 광고 언어의 연구는 언어의 힘에 대한 연구이다, 한국어학 73, 2016. 53-77.

김정태: 광고언어의 동음이표기에 대하여, 어문연구 73호, 2012, 61-86.

마정미: 당신은 이미 상품의 광간에 들어와 있다, 강봉균 박여성 이진우 외 53명: 월경하는 지식의 모험자들, 한길사, 2003.

박영준: 광고언어 연구의 동향과 과제, - 언어학적 연구를 중심으로 -, 한국어학 17집, 한국어학회, 2002. 267-300.

박은하: 텔레비전 화장품 광고에 표현된 언어 사용의 변천, 1980년대 이전의 광고와 2013년 이후의 광고를 중심으로 - 사회 언어학 24권 1호, 149- 174.

박재진, 이창환, 박종민: 광고언어에 대한 통시적 분석: 1960년대부터 2000년대까지의 잡지광고를 중심으로 , 광고학 연구 19권 4호, 2008. 29-41.

서은아: 신문 광고에 사용된 표제와 본문의 유형, 한글 268호, 2005. 189-210.

서은아: 광고 언어의 사용 양상 연구 -광복 후 1970년대까지, 한글 277호, 2007. 185-215.

신인식: TV공익광고에 나타난 영상이미지와 언어에 관한 연구, 디자인학 연구 통권 60호, Vol. 18 No. 2, 112- 122.

이기동, 송민규: 광고언어의 생성 단계 -단어를 중심으로- 우리어문연구 25집, 우리어문학회, 2005. 7- 33.

이소영: 광고 커뮤니케이션을 통해 보는 발화효과행위, 독어학 18집, 한국독어학회, 2008. 209-232.

이철우: 텔레비전 광고 언어의 문체에 대한 화용론적 해석, 한민족어문학 64집, 한민족어문학회, 2013. 127-153.

이철우: 광고 언어의 화용론적 요소를 활용한 토론과 글쓰기의 연계, 한국사상과 문화 84집, 한국사상문화학회, 2016. 383-410.

임지원: 광고언어의 인지적 의미 해석 연구, 충남대학교 대학원 박사학위 논문, 2008.

장경현: TV 광고언어 속 이데올로기의 변화 양상, - 1970-2000년대까지의 식품광고를 중심으로 - , 한국언어문학 제 95집, 한국언어문학회, 2015. 49-73.

장경희: 광고 언어의 유형과 특성, 새국어생활 2권 2호, 1992. 65-80.

정경일: 브랜드네임의 언어적 특성과 기능, 우리어문연구 47집, 우리어문학회, 2013. 241-271.

정동규: 광고언어의 언어학적 활용 방안 연구, 독어학 4집, 한국독어학회, 2001. 181-203.

정동규: 광고언어에서의 단어유희, 독어학 2집, 한국독어학회, 2000. 185-206.

천현숙: 광고 언어에 나타난 시적 원리에 대한 탐색적 분석, 광고PR실학연구4권 2호, 2011. 35-61.

천현숙, 마정미: 텔레비전 광고언어 사용의 변화, -1993년과 2013년 TV CF를 중심으로-, 한국광고홍보학보 16권 2호, 2014. 114-154.

한혜령: 국내 TV 광고카피 속 영어의 탈규범 현상, 사회언어학 22권 3호, 한국사회언어학회, 2014. 201-226.

천기석: 우리 나라 광고 문장의 특징-1950년대 메이컵을 중심으로, 어문논총 31호, 경북어문학회, 1997. 251-270.

최명원: 의사소통 모델에 따른 광고분석의 문제점, -광고의 지시어 사용을 중심으로- 독어학 2집, 한국독어학회, 207- 228.

E.F. McQuarrie: Figures of Rhetoric in Advertising Language, in: The Journal of Consumer Research, 22-4, 1996. 424-438.

Vasiloaia, Mihaela: Linguistic Features of the Language of Advertising (http://www.ugb.ro/etc/etc2009no1/s0804%20(2).pdf)

2. 참고서적

강두필(옮김): 좋은 광고의 10가지 원칙, 시공사, 2014. Robert Shore: 10 Principles of Good Advertising, Vivays Publishing Ltd., London 2012.

김미경: 대한민국 대표 브랜드 한글, 한글파크, 2013.

김병희: 카피의 스토리텔링, 창의성을 키우는 통섭 광고학 2, 한경사, 2011.

김아영: 단어의 사생활, 사이 펴냄, 2016. J.W. Pennebaker: The Secret Life of Pronouns:What Our Words Say about Us.
김용규: 설득의 논리학 말과 글을 단련하는 10가지 논리도구, 웅진 씽크빅, 2007.
김용숙: 컬러 심리 커뮤니케이션, 일진사, 2008.
김은정: 은유로서의 정력과 질병 세미오시스 연구총서 02, 2016.
김정우: 광고언어. 커뮤니케이션북스 2015.
김주호, 윤태웅, 정용길, 최영균, 한동철: 광고학 개론, 이프레스 2015.
김창남: 대중문화의 이해, 전면 2 개정판 , 한울마카데미, 2010.
김창남(옮김): 베네통과 시세이 도, 젊음에게 말한다, 생각의 나무, 2003.
김형주, 김병홍: 디지털 시대의 언어문화, 동아대학교출판부, 2001.
노마 히데키: 한글의 탄생 -<문자>라는 기적, 돌베개, 2011.
마정미, 신인섭, 서범석, 김대환, 신기혁, 김병희, 이희복: 광고라 하는 것은 1876-2008, 신문 광고와 사회 변화, 커뮤니케이션북스, 2009.
양웅: 모든 광고는 28개 단어 안에 있다. 커뮤니케이션북스, 2013.
양웅: 상징의 마술, 콘셉트는 어떻게 광고가 되는가? 커뮤니케이션북스, 2013.
오세종: 네이버, 구글에도 없는 인터넷광고마케팅을 컨설팅하라, 연암사, 2011.
박갑수: 신문·광고의 문체와 표현, 집문당, 1998.
박승배, 김일석, 나진헌, 백주연:이노베이티브 광고, 도서출판 대가, 2016.
박영준, 김정우, 안병섭, 송민규: 광고언어론, 언어학의 눈으로 본 광고, 커뮤니케이션북스 2006.
박영준(외) 지음: 광고언어 연구, 도서출판 박이정 2003.
배태영 : 현대 언어학 개론, 서린 문화사, 1986.
범상규: 심리학이 소비자에 대해 가르쳐준 것들, 평범한 사람들은 모르는 소비심리의 비밀, 바다출판사, 2013.
서은아: 신문광고와 언어, 도서출판 역락, 2003.
송성재: 한글 타이포그래피, 커뮤니케이션북스, 2013.
신강균 : 앞서가는 광고인의 비밀문서, 컴온프레스, 2010.
안광호, 이유재, 유창조: 광고관리, 3판, 학현사, 2014.
오예옥: 언어사용에서의 은유와 환유, 도서출판 역락, 2011.
유재원: 우리말 역순 사전, 정음사, 1987.
이경자 외(저): 현대사회와 광고, 2판, 한경사, 2008.
이구익: 인터랙티브 광고 제작법, 한국학술정보, 2013.
이근호: 아이스크림에서 대통령까지, 어느 광고인의 비망록, 오늘, 2012.
이명천, 김요한: 광고학 개론, 개정판, 커뮤니케이션북스, 2016.
이석기: 광고로 만나는 영어와 문화: 인제대학교 출판부, 2010.
이우철: 잘 팔리는 기획의 본질, 매체 창의성부터 코즈(Cause) 마케팅까지, ER북스 2016.

이재원: 광고로 읽는 언어학, 유로서적, 2008.
이제석: 광고천재 이제석, 개정판, 학고재, 2014.
이제식: 타이포그래피가 도대체 뭐지, 미담북스, 2014.
이종호: 광고론, 경문사, 2001.
이창봉: 시장에서 성공하려면 이런 카피를 써라, 시장에서 성공하는 광고카피론, 도서출판 이음앤, 2013.
이현우: 광고와 언어, 커뮤니케이션북스, 1998.
이화자: 광고표현론, 나남출판, 1998.
전성기: 메타언어, 언어학, 메타언어학, 1996.
정경일: 브랜드 네이밍, 커뮤니케이션북스, 2014.
정동규(역) 독일의 광고와 언어, 한국문화사, 2003. Bernhard Sowinski: Werbung, Max Niemeyer Verlag, Tuebingen, 1998.
장영준 : 언어의 비밀, 한국문화사, 1999.
조창연: 광고기호학의 핵심이론, 커뮤니케이션북스, 2016.
조항범: 정말 궁금한 우리말 100가지, 예담, 2004.
조항범: 그런, 우리말은 없다, 태학사, 2005.
천현숙: 카피라이팅의 원리와 공식, 커뮤니케이션북스, 2010.
하마모토 다카시, 이토 마사히로: 색채의 마력, 2005. 이동민(옮김): 색채의 마력, (주) 아트북스, 2007.
C. K. Ogden & I. A. Richards: The Meaning of Meaning, 8th. ed. 1946. 김봉주(역): 의미의 의미, 한신문화사, 1986.

3. 강연 및 YouTube 동영상 자료

what if there was no advertising
George Nimeh /TEDxVienna (2015, 10)
https://www.youtube.com

정문용

1954년 대구 출생
경복고등학교 졸업
서울대학교 사범대학 독어교육과 졸업
서울대학교 대학원 독어독문학과 졸업, 문학박사
독일 Bielefeld 대학교 연구교수
현재 동의대학교 인문대학 교수

광고언어의 이해

초판 1쇄 발행 _ 2017년 2월 25일
2쇄 발행 _ 2024년 3월 13일

저　　자 • 정 문 용
발 행 인 • 정 현 걸
발　　행 • 신 아 사
인　　쇄 • 대명프린팅
출판등록 • 1956년 1월 5일 (제9-52호)
주　　소 • 서울시 은평구 통일로 59길 4(2F)
전　　화 • 02)382-6411 · 팩스 02)382-6401
홈페이지 • www.shinasa.co.kr
E-MAIL • shinasa@daum.net

ISBN 978-89-8396-977-4 (93320)

정가 12,000원

프라임 동의 인문교양 총서

이 저서는 교육부의 산업연계교육활성화선도대학(PRIME)사업 사업비를 지원받아 집필한 저서임